Leer, escribir: acciones de revuelta
© Laura Szwarc

© de la ilustración de portada: Antonia Santolaya
© Neret Edicions
El Masnou- Marseme- Barcelona
www.neret.cat | www.artsocial.cat

Primera edición: enero 2024

ISBN: 978-84-127355-5-0
Depósito Legal: B 3269-2024

Laura Szwarc

Leer, escribir:
acciones de revuelta

Art de Fer

ÍNDICE

PRÓLOGO

Una tarea social, un orden artístico

He leído un libro extraordinario que, además de dar pautas para el trabajo de los y las mediadoras/promotoras de lectura en variados ambientes sociales, devela de un modo sutil —casi diríamos deliberadamente indirecto—, no solo qué es la lectura, sino qué es la poesía, cuál es su íntimo misterio, que puede ser hallado, pero posiblemente se perdería otra vez, y principalmente en qué consiste una rara emoción que puede acompañar el acto de leer. Las reflexiones de Laura Szwarc sobre la lectura no son únicamente las de una pedagoga —eso siempre está bien—, sino las de una profunda observadora de cómo la lectura se juzga tanto en los conocimientos que se imparten como en la capacidad comunitaria que generan. A la pedagogía siempre la acompaña una pasión por la capacidad de redención de la poesía. Y la poesía guarda en sí las necesarias hierbas, emanaciones, flujos que intensifican los sentidos. Si algo se llama poesía, esa poción, porción, que fluye y abre espacios, vados, siempre está, más allá de cualquier otra consideración. Diría que estos apuntes y reconocimientos son los métodos de trabajo de Laura.

El trabajo de inducir o introducir a la lectura a quien no la posee involucra una tarea social, pero también un orden artístico. Si solo fuera lo primero, lo llamaríamos alfabetización, pues al faltarle su necesario complemento que se enraíza en la reinvención del individuo como signo, convierte a los sujetos en partícipes de un mundo social necesario, pero no maravilloso. Es un mundo de ciudanía, derechos y urdimbres laborales, pero le faltaría lo que la lectura tiene de enigmático, y a veces, indescifrable. ¿Cómo? ¿No enseñamos a leer para despertar el mundo y crear ciudadanos? Por supuesto que sí. Pero leer tiene algo más, algo que hace de la función ciudadana un hecho que no puede decidir, no por la política, la responsabilidad social ni la educación formal. Por supuesto, incluye a todas esas cosas, pero aquello que agrega es la dimensión misteriosa y no fácilmente escrutable que significa comenzar a vivir en un mundo de símbolos que sabemos diferenciar de nuestra propia vida. Son símbolos silenciosos, tramos de significaciones perdidas que pasaron por nuestra percepción lectora, creando imágenes en un tiempo que no podemos recordar con exactitud, y que nos acompañan como una pértiga invisible que nos permite comparar nuestra vida con el mundo soñado de la lectura. Así se crea otro tipo de ciudadanía, una ciudanía del lector/escritor que consiste en vivirla con los ojos abiertos, pero, simultáneamente, albergando un sueño donde habitan paralelamente las lecturas que ha hecho, discontinuas o no, pero todas en ronda en torno suyo, oníricas y calladas. Estar en ese mundo es algo a lo que nos invita Laura Szwarc con su método de navegante en cascadas de riesgo.

Porque hay un método en Laura Szwarc. Su tarea se realiza en prisiones, en barrios populares, en zonas carentes de todo indicio de resguardos sociales o urbanos. ¿El método corresponde a una progresión de escalas de comprensión, dado que se trabaja con poblaciones desatendidas educacionalmente?

Nada de eso. *El método consiste en estar en los límites de cualquier método, sin que este desaparezca.* Comienza por poner libros sobre una mesa, mostrar que se trajeron en un bolso, dejar que el silencio no moleste, aunque todos sepan que alguien deberá romperlo. El silencio en una escena educacional o pedagógica siempre es muy tenso. Todos tendrán la experiencia de que cuanto más dure el silencio más crece la culpa de los que no se atreven a allanarlo con palabras. Pero las palabras no como baldosas que se van pegando con cemento inflexible. El silencio las contiene con su sabio vestido. Estas observaciones son parte del trabajo de Laura, que tiene sobre la mesa libros de Paul Celan o de Lezama Lima, y no les teme a los pedagogos del escalonamiento del aprendizaje. Los que van de lo simple a lo complejo. Pero esos nunca llegan porque las personas, los chicos y chicas, los jóvenes que viven su experiencia carcelaria o de pobreza, o ambas a la vez —que es lo más frecuente—, son lo más complejo que hay. De por sí contienen la complejidad. Por eso, el balbuceo infantil del educador que quiere adaptarse al primer peldaño del conocer, es posible que fracase.

Es que ese primer peldaño ya ha sido atravesado hace mucho por las vidas que no por no leer dejan de tener y experimentar una tensa bibliografía. Por eso, el método —que es de creación de libertades, no porque alguien las entregue, sino porque una autora de estas revueltas culturales demuestra que la libertad ya estaba replegada y azorada en cada uno de nosotros— supone introducir al que no lee en lo que ya sospechaba que era la lectura, un conjunto de signos de vida que comenzaban a hablar en esas mismas heridas que cada uno contenía, pero se mantenían introvertidas, en secreto y magulladas. Las opciones que ofrece Laura provienen de una honda meditación sobre sus propias prácticas. Por eso, no se trata de traspasar una lengua que ya está elaborada, sino elaborarla en el mismo acto de nombrarla, frente a frente con cada persona que expresa, en su presente desdichado o errante, la necesidad de retornar sobre lo que intuye que conoce —porque vive inmersa en lo que desde ya proponen los grandes medios de comunicación, que hacen leer, escribir o pensar de modo único y despótico—, lo que es una lucha desigual. Reconducir esos residuos del habla y del sentido que a todos nos rodean hacia una lectura que se encuentra donde están las exigencias más altas. Por ejemplo, donde está César Vallejo, y no donde están las gigantescas redes comunicativas que nos vociferan órdenes que presentan como conocimientos y convocatorias al consumo introducido con citas poéticas. Por eso, el trabajo de Laura Szwarc es una disputa por las citas con los grandes cuerpos informativos que las maniobran como etiquetas fosforescentes, hologramas al paso, para traerlas otra vez al cuerpo real y viviente de los que, aun sin saberlo, crearon la gran cultura poética que parecía serles ajena, y ahora vuelve a ellos.

Horacio González*

*A mediados del 2020 di por finalizada la primera versión (es que nunca se deja de corregir) de *Leer, escribir: acciones de revuelta.* Quise que el primer lector fuera Horacio González, a quien le pedí que, si le gustaba el libro, hiciera un prólogo. Dos semanas después, lo había enviado. El escritor, sociólogo, docente, director de la Biblioteca Nacional en Argentina, uno de los más lúcidos referentes literarios y políticos de estos tiempos, murió en junio del 2021. Quiero decir de mi agradecimiento a su continuo dar. Sus palabras me honran.

Montes

Los libros están juntos
hay un cielo azul
y la frontera
se desplaza

An Lu

Introducción

I

Desde que nacemos, desde que cada uno de nosotros llega al mundo, estamos rodeados de signos que leemos, incesantes. A la vez, no dejamos de hacer marcas, nuevas emanaciones.

Continuos interpeladores-interpelados encendemos las luces, los faros del cuerpo (mirada, olfato, tacto, escucha, gusto...) para captar, nombrar cada cosa. Nombrar cada movimiento al mismo tiempo que somos nombrados.

Como el tic tac del reloj, como el tic tac del corazón, como el sonido del tren, el cuerpo alertado y en alerta palpa el universo y, en cada paso, en cada suspiro, en cada vuelta de hoja, pulsa un desciframiento.

Cada uno, un universo; cada grupo, un universo; cada cuerpo social, un universo; cada universo, un universo. Y su camino trastocado, zigzagueante. Camino supuestamente de continua creación, consideración, reconsideración. Sin embargo, los malentendidos (bien entendidos), desde el comienzo y con cada día que pasa, fluyen como las lecturas mismas, como las escrituras mismas.

¿Qué decimos cuando decimos «leer y escribir»? Consideramos a estas dos acciones, una, y se van ramificando, diversificando. El cuerpo entero se involucra, se pone en juego como el del bailarín, el del esquiador, el de la trapecista. Podría decir que hay en el leer mundos, paisajes, viajes, estamos/somos en varios lugares a la vez. También en el escribir.

Cada vez que leemos, estamos encontrando significaciones nuevas, estamos re-escribiendo aunque no anotemos —cada vez— en el papel, sino que vamos anotando en el propio cuerpo. Habría una constancia espiralada del leer/escribir, volver a leer/escribir. Continuas relecturas incluso cuando pasamos a nuevos textos, a nuevos libros, a otro «escuchar». Y el escritor está también en una permanente, continua lectura.

¿Qué implica leer? ¿Y qué escribir? ¿En qué nos implican estas acciones que, siendo dos, son una y, a la vez, se ramifican, innúmeras?

Leer: un explorar, re-interpretar, descubrir, suponer, inventar, anunciar lo que otros dicen, así como descodificar lo que hay en el mundo: la carretera gigante, redonda. Leer es, incluso desde antes de saber leer, buscar; a veces encontrar significados a sonidos/letras/palabras que se nos van presentando. Que a su vez van presentando las cosas como un telón al abrirse. Leemos los sonidos. Leemos las formas de las nubes. Las anotamos, las escribimos.

Decimos que cuando se lee, se escribe, y cuando se escribe, se lee, y de este modo imparablemente, felizmente, porque al escribir y al leer se crea una conexión, una correspondencia con los otros; entre unos y otros.

Por el aire andan plácidas montañas
o cordilleras trágicas de sombras
que oscurecen el día. Se las nombra
nubes. Las formas suelen ser extrañas.
Jorge Luis Borges.

Hablamos de escribir cuando seguimos letras, sonidos, sílabas, palabras, frases; y con fluidez recorremos su secuencia, su temporalidad, su espacialidad. Entramos en un mundo donde vamos escuchando (con asombro, con particiones) y distintas napas se abren, se interrelacionan, se vierten sobre nosotros. Nos implican.

Hablamos de escribir cuando rayamos, garabateamos, trazamos e incluso cuando borramos, tachamos, y vamos des-componiendo frases. «Las frases se debaten como un pescado aprisionado por el anzuelo y sacado de las profundidades, las palabras surgen como un pájaro que, atravesado por una flecha, cae del cielo» dice Lu Ji entre el 261 y el 303 dC . Y dice César Vallejo en *Intensidad y altura,* texto que se conoció en 1939: «Quiero escribir, pero me sale espuma, /quiero decir muchísimo y me atollo; / no hay cifra hablada que no sea suma, /no hay pirámide escrita, sin cogollo.// Quiero escribir, pero me siento puma; / quiero laurearme, pero me encebollo(...).»

Si ambas acciones —leer / escribir— se reúnen, se relacionan en una pretendida comprensión, y cada grupo social, cada uno, cada cultura, significa de otra manera, podríamos preguntarnos: ¿qué leemos cuando leemos? Y también, ¿qué escribimos?

Hablamos de malentendidos (u otro entender, otro escuchar), de estar cercanos a significaciones que, al mismo tiempo, se nos escapan, porque estas son múltiples. Sin embargo, esto que parecería grave —entender otra cosa—, es lo que cada cual capta. Lo mismo no es lo mismo para unos y otros. Y ese «lo mismo no es lo mismo» también significa varias cosas. De nuevo el significado se desparrama.

Porque creemos que no hay una realidad en quietud, sino que las realidades son movedizas, dinámicas, van construyéndose, de-construyéndose, reconstruyéndose.

El gran problema surge cuando aquellos que ejercen el poder grupal/institucional nos quieren hacer creer que hay una sola realidad y que esta debe ser siempre del mismo modo, beneficiando solo a aquellos que lo detentan. Esto sucede en sistemas patriarcales donde se inyectan creencias, valores, costumbres que favorecen a unos pocos y se nos persuade de que «las cosas deben ser así». Los medios de comunicación funcionan cada vez como un mantra que nos impide pensar, que lleva a naturalizar acciones, situaciones desopilantes (naturalizar, por ejemplo, que haya gente que coma lo que encuentra en la basura y que otros han tirado porque han comido en exceso). Y dejamos de leer/escribir para convertirnos en repetidores/desconocedores del propio decir.

Sin embargo, la lectura/la escritura nos lleva a ir desplegando las frases; acceder a variaciones encontradas al desflecar las posibilidades que el lenguaje otorga.

Las acciones continuas de leer y escribir son acciones políticas. Usamos mucho esta expresión: acciones políticas; lo político. Eso tan antiguo como la humanidad, tan antiguo como leer y escribir, y reír y llorar. Porque lo político es la forma que tenemos de organizarnos, de decidir cómo estar cada uno, nosotros mismos, con los otros. Y cómo aceptar que esos otros se dirijan a nosotros y nos dirijan. Otra vez los significados se amplían: se dice «dirígete a mí de tal manera», es decir, háblame de tal forma. Pero también «nos dirigen», alguien está ejerciendo su poder sobre nosotros.

Al hablar del leer y el escribir estamos metaforizando estas palabras porque nos referimos a la lectura en todos los signos vitales.

Y podría pensarse la escritura como una primera tecnología que fue internalizándose de tal forma que dejó de verse como tal, llegó a naturalizarse. Comenzó a hablarse de tecnología, que no es más, ni menos, que un modo de ofrecer más recursos, procedimientos en distintos campos del hacer. Las nuevas herramientas han penetrado nuestras vidas; han ido siendo capturadas por el sistema que, mucho más que la irrupción de otros procedimientos, nos han entrado para, nuevamente, capturar también nuestras voluntades, nuestras formas de pensar. No es sencillo salir de ese engranaje colonizador.

Creemos que es la literatura la que puede reanimar las palabras. Es en la narración y, sobre todo, en el lenguaje poético, donde se desestructura el lenguaje comunicacional cotidiano, y desde donde se puede avanzar por «nuestra carretera». Son la literatura y las artes en general las que cuestionan y ponen en peligro, con el lenguaje mismo, el sistema de ideas fijas. Mueven, agitan el entramado social.

Consideramos que es necesario desacralizar el concepto de literatura, dejar de suponerle una objetividad entendida solo por algunos y con un valor inmutable. Los valores de los textos literarios varían según las épocas.

Tampoco creemos que haya tradiciones literarias que sean independientes de lo que de ellas se dice según el momento histórico. Así como la historia es relatada según quien la escribe, así el poder de turno permite que se acceda o no a ciertos textos, a ciertos relatos. Lo que es innegable es el temor que produce la lectura a quienes ejercen tiránicamente el poder; esto lo demuestran, cada vez, al ordenar la quema de libros; por ejemplo, en Argentina, entre 1976 y 1983, la dictadura cívico-militar lo hizo, entre otros, con *El principito* de Antoine de Saint-Exupéry, *Un elefante ocupa mucho espacio* de Elsa Bornemann o *La boca de la ballena* de Héctor Lastra.

Saben los opresores que la posibilidad de acceder a los libros, especialmente a los de literatura, que son los que guardan las costumbres más hondas de la humanidad, es peligrosa, porque los lectores son sujetos que cuestionan, que desobedecen, sujetos capaces de discernimiento, de revueltas.

Leer es volver a escribir, y las sociedades también reescriben los relatos según las situaciones que viven.

Aunque muchas veces no nos demos cuenta en el momento mismo del estar leyendo, somos los lectores los continuos escritores de un nuevo libro.

En la lectura, un acto tan milagroso como la escritura, si no más, el lector le presta su cuerpo y su tiempo al enunciado, que vuelve así a ser enunciación. Piedra, papel y tijera. La escritura había buscado la inmortalidad, y la lectura la devolvía al tiempo. La palabra había buscado liberarse del cuerpo, pero el cuerpo seguía siendo su condición, y sobre él debía construirse. Al fin de cuentas ¿para qué se escribe y para qué se lee sino para tratar, infructuosamente, de penetrar el silencio de los cuerpos?
Graciela Montes.

II

¡Alejarse! ¡Quedarse! ¡Volver! ¡Partir!
Toda la mecánica social cabe en estas palabras. César Vallejo.

En este libro iremos reflexionando sobre una práctica de puente, contacto, inter-mediación lectora que siempre necesita de un sustento, de una teoría que la abrace, que le permita probarse, errar, desplegarse.

Se hará posible hallar paisajes, perspectivas, tanto para quienes ya los tienen o crean tenerlos como para aquellos sin lugar, para los que son invisibilizados y discriminados. Para decirlo de otro modo, que sea cada uno con su colectivo quien encuentre la propia manera de reconocerse.

Cambios vertiginosos se van dando en este comienzo de milenio. ¿De qué manera el lenguaje se ocupa de designar lo nuevo, lo que la tecnología no deja de mostrar en un continuo universo de pantallas?

Creemos que tanto los relatos orales, como la lectura y la escritura son las acciones más proclives a alcanzar lo im/probable, y que lo perceptible/imaginable ingrese en la realidad, se haga espacio, la des/ubique.

Por lo tanto, es en el contar, en el leer y escribir donde creemos que se sucede la mayor interrelación entre los próximos (prójimos), en lo comunitario, y donde las singularidades se afirman en lo plural, en lo social/común.

En las diferentes partes de este libro se ofrecerán elementos para posibilitar a los lectores una participación activa. Se buscará una puesta de los procesos; los textos de trabajo integrados a la manera en que fueron re-creados en cada instancia.

Así, después de ir recorriendo y reconociendo el libro, en compañía de diversos conceptos y experiencias, cada lector podrá reunir una batería de herramientas para hacer de su leer/escribir, su propio accionar.

Este libro cuenta con cuatro partes: en la primera proponemos la lectura y la escritura como acción de revuelta; en la segunda relatamos experiencias prácticas llevadas a cabo en el territorio; en una tercera invitamos a otras voces a desplegar una cartografía con distintas propuestas en realización. En todas ellas se ofrece un almacén de recursos. Y por último, conclusiones abiertas.

Si este libro se forma a través de fragmentos, de mosaicos, es por el deseo de evitar armados férreos que, por lo general, llevan a la trampa de conceptos congelados, aseveraciones que no dan cabida a las preguntas, a la duda reflexiva, a la contradicción, a la búsqueda de una lectura/escritura singular, a ir cuestionando a medida que se va realizando la acción de leer.

Que sea el lector quien avance (escriba) junto a la mano que va dando vuelta las páginas. Que pueda, como en el poema de César Vallejo, «ir y venir». Sorprenderse ante la revuelta.

Creer, fingir, que la literatura es un objeto-uno leído por un sujeto unitario, es una formación ideológica claramente delimitada en la historia. La historia que sucede –y transforma– al sujeto de la lectura no es producto de las marcas historiográficas de superficie, sino de una historia profunda del registro de lo imaginario.

Nicolás Rosa.

PRIMERA PARTE

LA LECTURA Y LA ESCRITURA: ACCIONES DE REVUELTA

I. Emplazamientos en la vida individual y comunitaria

Veo la página que parece blanca, ya sea la página de papel o la de la computadora. Sin embargo, necesito empezar a desmalezar, a sacar todo eso lleno (palabras, palabrerías, pre-textos, pre-juicios, aseveraciones, naturalizaciones, etc.) y que simula no estar; todo eso que me hace creer que «soy yo la que está pensando» sobre una hoja en blanco, cuando las páginas ya están llenas de emanaciones, de frases ajenas y propias, porque las he ido incorporando y se van (así esperamos) modificando incesantemente.

Quisiera ir pensando con ustedes, los lectores/escritores, acerca de estas acciones de revuelta.

Creo que coincidimos con que cada palabra tiene múltiples significados. Por ejemplo, *revuelta*. Si buscamos en el diccionario tradicional o en un buscador de internet cualquiera, nos dará al menos dos significados.

El primero dice: *Desorden o agitación que produce una alteración del orden público.* Aparecen ejemplos: «revuelta civil burguesa; revuelta calvinista; una revuelta estudiantil; se ha generado una revuelta interna contra el presidente del país», y podríamos pensar en muchas revueltas más. Podríamos hacer un libro solamente con ejemplos de revueltas. Pero aquí ya tenemos al menos dos cosas, una es desorden y otra agitación. ¿Y a qué se señala como alteración del orden público; qué modo de alteración?

Y el segundo: *Punto en que una cosa cambia de dirección de forma pronunciada.* Por ejemplo: las revueltas de un camino.

Aunque tal vez escuche la palabra revuelta en acepciones más poéticas, incluso cotidianas, y piense en los cabellos revueltos, o en una vuelta carnero, o recuerde lo revoltosa que era mi amiga en la escuela.

Julia Kristeva piensa también la revuelta como un desplazamiento del pasado, como una lectura responsable, con interrogantes sobre lo que está acaeciendo. Propone apropiarnos de la propia memoria individual a condición de descansar en ese proceso y hacer lugar a nuevos cuestionamientos o renacimientos. Esto, que para la autora promueve una posición que da espacio a la creatividad, esta práctica que, como toda interrogación, es una creación que implica, además del placer, un esfuerzo, es para muchos, si no se la entrena, una incomodidad.

O sea, no solamente están los significados que se nos van dando y que cada palabra tiene en sí misma, sino también los que se derivan del contexto, del modo en que nos toca a cada uno, a cada una. Y las re-significaciones que vamos creando.

El poeta Alberto Szpunberg dice en el libro *Ese azar, este milagro*:

Cada uno sale como puede, cada cual, a su manera,
por la ventana, por la noche, por la puerta, por las dudas.
«Basta», me dice, y nada dolería tanto si no doliese,
si por lo menos, si por nada del mundo, porque sí,
por si las moscas, por lo tanto, la gruta, la falla,
la gota que trabaja entre una palabra y otra palabra,
la inevitable, la otra, y otra, otra, y finalmente.

¿Cómo desciframos estas frases? Y aquí los lectores volveremos a crear este texto. La poesía hace las mejores definiciones —si fuera necesario definir—, y no se trata de entender, al menos como se supone habitualmente esta palabra, dado que sería volver a encerrarla en un sentido, en un solo significado, e impedir su fluidez.

Podemos releer este poema y dejar que su implicancia se aloje dentro nuestro, y nos ilumine respecto a la importancia de nombrar, del lugar de la palabra, sólida, material como un árbol.

Respecto a esta idea de entender, tan vasta, se antepone su contraria: la de no-entender. Clarice Lispector habla de esta díada contradictoria, la de entender, que implica limitaciones, y la abrumadora dimensión sin fronteras de lo que sucede cuando decimos «no entender». Hay una posición respecto de sentirnos completos cuando no entendemos. Como si se tratara, incluso, de un don.

Ante este particular, tremendo suceso, propongo abrir el libro, acercarnos a los fenómenos de la lectura y la escritura, como si nos acomodáramos ante una mesa llena de manjares, de colores, de sabores y olores. Hago una invitación a empezar y, sobre todo, a continuar.

Escribo esto y pienso: ¿quiénes pueden sentarse ante una mesa así? En este contexto, el mundo real, en donde hay chicos y grandes buscando comida entre la basura. ¿Tendrán ganas de aceptar este convite? Y me respondo que tal vez muchos sí acepten, tal vez desconfiados al comienzo porque no están acostumbrados a ciertos sabores, y sus definiciones de lo «que tiene pimienta», refiriéndose al sabor y al aroma que gusta, que se disfruta cuando se lo encuentra, pueden ser muy otras.

Sigo pensando y no creo en absoluto que leer sea un hábito, comer tampoco. Más bien, estamos ante *variaciones* de un proceso atávico del leer y escribir; también a través de las diferentes épocas, de manera individual y colectiva, pero convirtiéndolo en el ahora mismo, en un acto con consecuencias sociales.

II. El estrépito de leer y escribir

Todo se ha escrito, todo se ha dicho, todo se ha hecho, oyó Dios que le decían y aún no había creado el mundo, todavía no había nada. También eso ya me lo han dicho, repuso quizás desde la vieja, hendida NADA. Y comenzó.

Una frase de música del pueblo me cantó una rumana y luego la he hallado diez veces en distintas obras y autores de los últimos cuatrocientos años. Es indudable que las cosas no comienzan; o no comienzan cuando se las inventa. O el mundo fue inventado antiguo. Macedonio Fernández.

El lenguaje se topa con el cuerpo, se acomoda o incomoda allí, puede atravesarlo de punta a punta, de la 'A' a la 'Z'. No hay forma de nombrarnos si no nos estamos deletreando. Y estamos leyéndonos todo el tiempo, somos leídos. Vivos o muertos, sabiéndolo o no.

No se trata solo del desciframiento de eso que está en un libro. Se trata de las múltiples lecturas que nos circundan, nos circulan, horadan.

Cada cuerpo traga otro cuerpo. A cucharadas algunos, atragantándose otros, lentamente o devorando. Así, cada uno traga letras. Aunque están aquellos que no se las tragan y las devuelven. Cada uno arma su ramillete, hace frases. Repeticiones y, alguna vez, un fraseo propio.

La lectura es más fuerte que los ruidos de los medios masivos de supuesta comunicación. Aun silenciosa, es más fuerte. Así como en los campos de concentración de las distintas épocas históricas y en las prisiones más «seguras» está el que se fuga tanto como para componer una partitura que llegue a otros, ya sea en forma de música, de dibujos, de poesía, esas letras que fueron dispuestas, también, con la propia segregación (sudor, orina, saliva, sangre), esas letras se trasladan. Llegan de allí, aquí. De aquí, allí. Espacios siempre movibles como el leer.

En latín, la palabra *legere*, es decir 'leer', significó en principio 'elegir'. De eso se trata: de seleccionar, escoger, decidir.

También tejer, entretejer, anunciar.

En wichí, *leer* se dice yah'yen que viene de la palabra yah'hene.

Lecko Zamora, en su poema *Aprendamos a leernos,* nos anuncia sus múltiples significados.

Yah' yin a nayij. Aprendamos a leernos[1]

La lectura es esencial en la vida de cada ser humano
Y la lectura no es solo del ser humano, sino de cada criatura que tiene vida.
Para poder desarrollarse depende de su lectura en su medio y en la vida.
Para el ser humano hay dos libros, el libro de la naturaleza
Y el libro de la revelación del Gran Espíritu.

Nuestros Pueblos indígenas fueron sabios por excelencia en la lectura de la naturaleza.
A través de nuestros sabios, los Hayawu, los Piogonak,
Conocidos como shaman, leían los sueños, las estrellas, los espíritus, la hoja de coca,
Los cantos de las aves. Por esa lectura aprendimos a convivir con el medio ambiente,
Ellos en sus reuniones alrededor de un fuego nos enseñaban a leer.

---

1. Escrito en marzo del 2008, para ser leído en la apertura del Plan Provincial de Lectura de la Subsecretaría de Cultura del Ministerio de Educación, Cultura, Ciencia y Tecnología de la provincia del Chaco.

Juntos, quemando ignorancia nos instruían en el aprendizaje de la lectura
Creando alas a nuestra imaginación, a nuestra conciencia y a nuestro espíritu.
Nuestros mayores de mi Pueblo Wichí fueron nuestros alfabetizadores,
Padres, hermanos, tíos y en especial nuestros abuelos.
Aprendimos a leer el monte y así comprender que en él sus criaturas

Tienen su razón de ser y su utilidad, y así las transformamos en medicina o en alimento.
En el río leemos que cada pez tiene una forma particular de nadar,
Los cantos y las melodías de las aves nos transmiten mensajes.
También aprendemos que los adornos en nuestros tejidos son mensajes.
Ellos los sabios, leen nuestros rostros y nuestros espíritus y también son nuestros libros.

La lectura es una magia, un poder y un talismán.
Magia porque un conjunto de signos producen palabras y las palabras
Tienen poder que influyen en nuestros espíritus y en las mentes de los demás,
Y muchas veces como un talismán nos protegen de cometer errores que hasta podrían costar nuestras vidas.

Es verdad, la lectura es muy importante en este mundo lleno de diversidades.
Cada pueblo tiene una forma de leer la vida y eso es bueno saber y respetar.
Pero hoy es un tiempo en el que de una u otra manera nos hemos acercado

Alrededor del fuego de la vida, y juntos debemos instruirnos
En la lectura que mueve al mundo como sangre vital.

Aprender a leernos es un reto al cual estamos llamados en este Día
Para lograr construir una sociedad justa y equitativa,
Y para esto es necesario informarnos.
Una de las maneras más importantes para informarnos e instruirnos
Es aprender a utilizar esta otra herramienta que es la lectura
De libros, de periódicos, de internet.

Muchos de los saberes hoy día se encuentran a través de esta
otra forma de lectura.
Leer es una forma de liberarnos y liberar muchas cosas.
Leer los textos nos lleva a una transformación.
Leer nos transporta y nos hace conocer el pasado, el presente y
hasta un futuro.

Leer da un significado especial a los libros.
Leer es dar vida a los escritos y a sus autores.
Leer y compartir lo leído es alimentar nuestro cuerpo mental y
espiritual,
Leer y meditar los escritos es hablar con el libro.
El libro siempre nos está esperando.
El libro es un buen compañero,
El libro es un gran maestro.

La lectura es importante para crecer y creer.
Si sabemos leer podemos leer para nosotros y para otros,
Pero creo que es mejor para nosotros y para los otros enseñar a leer.
Compartir los libros y brindar libros es un acto de generosidad y
altruismo,
Así aprenderemos a leernos mejor.

En Wichí leer se dice «yah'yen» que quiere decir «mirar profundo».
Viene de la palabra «yah'hene», advertir, prevenir, avisar o instruir.
Su raíz es 'yah'yin', ver, mirar, observar. Según como se pronuncie
significa mirar con cuidado y prevención.
Así, cuando nosotros despedimos a alguien que transita, que se va,
Le decimos yah'yin a nayij, «mira tu camino», lee la vida.
Quizás ahora podamos agregar «lee libros».

En una época de continuos ruidos, la lectura es la *interrupción de la palabrería*. En el campo de la ficción, en la literatura, es donde algún espejismo de verdad se toca, se pone en tránsito y no se detiene. La literatura hace lugar al abarcado de todos los saberes (historia de determinada época que incluye hasta los gustos, los sabores, los olores; los supuestos conocimientos de la antropología; la filosofía; las ciencias. Porque es dentro de la ficción donde las creaciones comienzan a gestarse).

A la vez, es el espacio donde se puede leer el entredicho del discurso social.

Creemos que, a pesar de lo que se dice generalmente, leer no es una costumbre necesaria. Creemos que no hay hábito alguno en el hecho de leer, sino que implica una voluntad, es decir, un entusiasmo. Cada vez es una acción nueva, nunca rutinaria, y aunque se repita en la lectura el mismo texto, siempre se encontrarán otras resonancias.

Se está en este tiempo y en un lugar, el cuerpo entero en la silla, en la cama, en el suelo y cada parte haciendo su esfuerzo: la mano que se abre y se cierra, que mueve las páginas, a veces los dedos siguen los renglones, o se lleva el lápiz sobre un renglón, se subraya y luego ese mismo bolígrafo va a la boca, ayudando a sostener la acción y la emoción. Así, mientras estamos en un lugar, mientras leemos, recorremos el mundo con esa parte del cuerpo que nos entrega un capital simbólico.

Repercute de tal modo en nosotros que nos lleva a preguntarnos sobre nuestra propia vida, nos impacta en nuestras experiencias y puede, incluso, hacernos cambiar lo que el futuro nos depara. No se trata de necesitar, sino de querer, desear.

El escritor Orhan Pamuk, relata en su novela *La vida nueva,* su asombro al leer un libro. Sentía que iba cambiando su vida. La fuerza del acto de leer lo llevaba a sentir que su cuerpo se separaba del sitio en donde leía. El libro, con su realidad corporal, lo detenía en un momento increíblemente real. Llegó a sentir incluso que del libro salía luz, a tal punto que se reflejaba en su propia cara. Eso le daba la paradójica sensación de que esa luz, que por un lado le provocaba deslumbramiento o ceguera, al mismo tiempo lo iluminaba. Asimismo, como pasa siempre, la luz provocaba un nuevo concepto, esbozado con potencia metafórica: la luz nos despierta respecto de la existencia de su opuesto y sus matices, las sombras. Desde que se conoce la luz, se aprende, al mismo tiempo y de manera casi trágica, la existencia ineludible de las diversas formas de oscuridad.

Es interesante hacer la lista de los libros que cambiaron la vida de escritores.

Por ejemplo: Ana María Matute, Roberto Bolaño, Jorge Luis Borges, William Faulkner, nombran a *Don Quijote de la Mancha.*

Julio Cortázar, los cuentos de Antón Chéjov.

Ray Bradbury narra que fue *Moby Dick* quien logró modificarlo.

Propongo que nos atrevamos a hacer la misma reflexión. Un esbozo de autobiografía lectora.

¿Qué narraciones, poemas, textos a cada uno/a nos tocó, nos hizo mirar otras cosas, decirlas de otro modo?

En la lectura, las imágenes se sublevan en nosotros: se subvierten, nos inquietan, y las palabras alcanzan «un lejano don de vuelo». Las palabras se vuelven imprevisibles. Gastón Bachelard se pregunta en su *Poética del espacio* si hacer imprevisible la palabra no es acaso un ejercicio de libertad.

Hacerse estas preguntas nos lleva a abordar un problema plagado de hermosas contradicciones.

Sin embargo, traídos a un mundo nombrado, ¿hay alguna posibilidad de leer sin determinaciones? En el leer está la responsabilidad de este acto. Entonces, la lectura es como un modo de acción que llega a nuestra intimidad y se hace oír, como una presencia cercana, la voz del libro que se está leyendo. Dice George Steiner que los textos literarios nos van asaltando a medida que los leemos y ocupan nuestra interioridad. A partir de esta entrada en nosotros, comienzan a ejercer un cierto control sobre lo que deseamos e imaginamos, moldeando nuestras ambiciones o sueños secretos. A partir de este crucial fenómeno, asumimos, gradualmente, que leer significa correr un riesgo, en la medida en que desnudamos y dejamos en una situación de vulnerabilidad a nuestra vida interior, que da moldes a nuestra manera de adquirir sentidos.

Por otro lado, Marina Colasanti sigue profundizando en este problema: escribe sobre el acto de prestar atención y el mirar como arma de trabajo, de incidencia sobre lo real. La mirada como actitud de acercamiento, incluso respecto de lo que los demás no perciben.

Mirar, escuchar, leer. La mirada sola no es suficiente porque puede llevarnos a supuestos, por ejemplo:

En la colección de cerámica fatimí del Museo de la Alhambra se ve el fragmento de una fuente en mármol. Un visitante, al mirarlo, se conmueve: un ciervo y un león, ve convencido, están en una escena amorosa. Los ojos del ciervo en entrega, el león se le acerca. Sin embargo, la guía comenta que en este mármol la escena muestra a un león devorando a un ciervo. Así, muchas veces las miradas son engañosas. Aunque la escucha también. Y sabemos de la puntuación, cómo un punto o una coma pueden tergiversar lo que se escucha/se lee. El simple ejemplo de «No te llamaré más tarde» a «No, te llamaré, más tarde».

Tal vez leer sea siempre un despliegue de la mirada, de la escucha, del campo de acción y escenificación.

¿Es posible aprender a ver, a mirar, aprender a escuchar sin preconceptos, sin prejuicios, solo como un nadador que avanza haciendo los movimientos con las extremidades, con todo el cuerpo para, algunas veces, llegar al fondo, quedarse un rato allí explorando, volverse pez, hasta necesitar otra respiración, hasta volver a salir a la superficie y explorar nuevamente? Incluso siendo un nadador como en el cuento de Franz Kafka, un nadador que no sabe de su saber y no nada (aunque es premiado).

El gran riesgo de esta época, tal vez un riesgo mayor que en otras, es la de quedar pegados a la imagen. De no poder mover las ramas del árbol, quedarse prendidos a eso que se ve, pero no se mira, y quedarse estáticos allí, convencidos. Impedidos de realizar la acción de leer, de desenredar, desmalezar. Mientras, a nuestras espaldas las letras siguen emanando significaciones, siguen escribiéndonos.

Recordemos que lo opuesto a leer es desconocer, desentenderse, desinteresarse, acciones que parecieran pretender muchos detentores del poder en distintos períodos históricos. Es decir, obtener de los sujetos sociales, subjetividades huecas.

En 1925, T.S. Eliot escribía el poema *Somos los hombres huecos*. Aquí un fragmento:

Somos los hombres huecos
Somos los hombres rellenos
Inclinados unos con otros
La cabeza llena de paja. ¡Pobres!
Nuestras voces secas, cuando
Susurramos juntos

Son suaves y sin sentido
Como el viento sobre el pasto seco
O pies de ratas sobre vidrio roto
En nuestra bodega seca
Figura sin forma, sombra sin color,
Fuerza paralizada, gesto sin movimiento;
Aquellos que han cruzado
con mirada decidida, al otro reino, al de la muerte
Recuérdennos, —si es que lo hacen— no como perdidas
Violentas almas, sino sólo
Como los hombres huecos
Los hombres rellenos...

Pero, así como seguimos respirando, a pesar de tanta contaminación, se sigue leyendo, escribiendo, es decir, aprendiendo y compartiendo con los demás. Se produce, entonces, una partición, reverberaciones, porque el deseo es un flujo contagioso. Entonces escribir/leer, acciones responsables, es decir, que nos toquen el cuerpo en su extensión, nos inquieten aun en la quietud, nos conviertan en equilibristas, bailarines, y este accionar sigue siendo la más hermosa posibilidad del hacer humano.

Alguien, como un teorema,
nos ha cercado
con una magia suave, todavía.
Casi nada sabemos
sólo el ruido —musical— que dejan los trapecios
y confunden.
Toda la historia entra en una copa,
suspendida por la ventana en su equilibrio.
Susana Szwarc.

Cierto optimismo nos envuelve a pesar de que el sistema imperante es capaz de inocularnos deseo, de decirnos qué deseo desear, qué encontrar en lo que se lee. En la reiteración, ciertas consignas combativas que ofrecen un decir diferente, pierden su fuerza, terminan consumiéndose a sí mismas, agobiadas. Sin embargo, tratamos de saltar ese enrejado.

Se trata entonces de encontrar esos textos para leer y que no puedan ser triturados por el sistema o, haciendo alusión al cuento de Franz Kafka, no ser apresados en una «colonia penitenciaria». Textos de Federico García Lorca, Macedonio Fernández, Silvina Ocampo, Leopoldo Marechal, Leonora Carrington, Juan Rulfo, Libertad Demitrópulos, Manuel Scorza, Sara Gallardo, Susana Thénon, ClariceLispector, Toni Morrison, Marosa Di Giorgio serían algunos ejemplos contundentes de fuga, de evitar ser fagocitados y quedar capturados en un carril único. Y la poesía, especialmente, logra desatarse, escurrirse, esquivar, zigzaguear. El mediador, agente, artesano, promotor, docente, arteducador, tendrá que encontrar la forma de atravesar las rejas del lenguaje. Acercar otro modo de leer en los textos ya escritos y provocar nuevas formas de significar.

Nicolás Rosa nos dice que el acto de escribir descuenta aquellas cosas reales que no se soportan, como si se tratara de una operación retórica, una producción de un ingenio que se hace necesario para el lector, postergando lo que no se puede contar. En ese sentido, la escritura implica un acto de postergación y espera. De este modo, tanto la escritura como la lectura configuran un acto de esperanza, esperanza en tanto espera, suspensión del tiempo, bordeando lo innombrable para significarlo de esa manera elusiva.

La escritura —consideramos que, tanto en la narrativa como en la poesía, se trata de un hecho poético— va descolocando, desconfigurando, haciendo una torsión sobre la gramática misma, en cada frase y allí donde comienza a re-crearse un territorio. No se trata de informar, de reglamentar, sino de, como decíamos al comienzo, atravesar una carretera y, mientras se avanza, a veces despacio y otras veloces, se van construyendo nuevos puntos, puentes. Zonas de revuelta, de «discurso insumiso», como dice la escritora argentina María Negroni.

La lectura y la escritura ficcionales son concebidas como excedentes, un plus, un resto/riesgo en lo social porque se trata de una insistencia significante. Lo que no se puede encerrar, capturar.

Es lo que hace que al escucharse, leerse la terrible sentencia «marche preso», se siga hablando, escribiendo; también que Sísifo, al llevar la roca, decida en cualquier momento sentarse sobre ella a leer, a escribir.

III. El lenguaje: ¿un bien común?

Paseamos, transitamos, cruzamos puentes, construimos bibliotecas. De pronto estalla otra guerra y hojas, ropas, pies dispersándose.

Vendrá (¿vendrá?) el tiempo de la reconstrucción.

¿Cómo encontrar el camino perdido o ir hacia otro camino y hacia otros?

Vemos migas, vemos letras...

Todo el paisaje es de letras. Lo vamos leyendo.

Así como *Hansel y Gretel,* de los hermanos Grimm, ese cuento tradicional con tantas lecturas posibles, han dejado migas y guijarros en los caminos, nosotros también iremos encontrando nuestras propias migas, nuestras propias palabras que nos mostrarán el mundo perdido; y si bien aquello perdido no vuelve a recuperarse completamente, es posible reconstruirlo, re-crearlo. Será otra versión.

Con esas migas y piedras y palabras que trae el viento, se van creando los fardos de reservas que impedirán la repetición tal cual, una repetición que nunca llega a comprenderse como, por ejemplo, la repetición de las hambrunas innecesarias de la historia.

Las migas que vamos encontrando, además de alimentar (recuerdo ahora un grafiti en las paredes de la provincia de Buenos Aires que decía: «comer o no comer: esa es la cuestión») al cuerpo, ese que es otro porque está, además de atravesado por la papa, el maíz, el trigo, atravesado de las palabras recibidas y también de las no recibidas.

Al releer la historia de *Hansel y Gretel* me vino a la cabeza el cuento de Daniel Moyano: *Cantata para los hijos de Gracimiano;* sólo que en este cuento —de un transitar bellísimo, una sonoridad que nos lleva a querer sumergirnos entre las letras, y completamente trágico— escrito apenas hace algunas décadas, no habrá regreso posible, cada niño irá desencontrando el camino de vuelta, y tendrá que armar su propio paisaje de letras e irán creciendo a los ponchazos, a puro golpe de vida o les será imposible hallarlo en la nada de espacio que deja el sistema opresor.

Sí, una emanación de letras y que estas sean un arma para comprender, que impliquen una revuelta en un sentido de la significación de lo social como, por ejemplo, este cuento de Daniel Moyano que quita velos y nos deja ver la zona trágica de lo que ha sido impuesto y luego naturalizado en la vida cotidiana.

Y allí donde están las nubes que varían sus formas, incluso se deshacen; los árboles con sus raíces en apariencia quietos; los pájaros que hacen sus nidos pero que luego emigran; los rascacielos que se modifican por efecto de la luz del sol... entre, con, por —todas las preposiciones irían— están también, sucediéndose, tanto como en un único gran suceso, como en un continuo imparable, las letras.

¿Hay un riesgo, en lo cronológico, cada vez mayor?, por ejemplo que se vaya congelando, bloqueando —aún más— ese continuo y se endurezcan los significados.

Ferdinand Saussure habla de la solidaridad de los términos de la lengua. El valor de cada uno de sus signos no resulta más que de su presencia en relación a los otros.

Y se dice: apropiarse de las palabras.

¿Apropiarse no sería hacerlas propias, adueñarse?

¿Quién sería el dueño de las palabras?

Las palabras son un bien común que, por algún error, como sucede con la tierra que —por algún ansia enfermiza de acaparar—

pertenece sólo a algunos. Entonces creo que más que apropiarse del lenguaje, se trata de aprehender a escucharlo, a recibirlo y desmenuzarlo. Es decir, a leer.

Es en esa dirección que se propone una revuelta.

Una revuelta para que nos pertenezca aquello que nos corresponde desde siempre, incluso desde antes de nacer.

«Tú eres rico. La palabra te es dada» dice Edmond Jabés en su amplio, fuerte *Libro de las preguntas.*

Por eso propongo volver a valorar lo más preciado, *las palabras que nos enriquecen, nos construyen.* Así, la importancia de dar la palabra que implica prometer («te doy mi palabra de no abandonarte») y también dejar hablar al otro («te doy la palabra, ahora seguí vos») y varias significaciones más. Con el valor *de símbolo* que la palabra tiene. Si no entendemos que la palabra es un bien común, estamos dando a voluntad o por algún enigmático regodeo en la resignación, el patronazgo de las palabras a algún otro que, por lo general, detenta el poder, se lo apropia, con todo lo que ello implica.

Sabemos que se nace y ya se percibe una musicalidad, se mira, se lee el mundo. El bebé comprende, lee al otro (por ejemplo, sabe si la teta se resbala por error, o si le es retirada con violencia, de forma agresiva), escucha, y las acciones se revuelven en sí.

Pero llegamos a un mundo ya formado que, con sus hábitos, rituales, significados y hechos, como si fueran necesariamente naturales, comienza a determinar muy pronto. Así, dependiendo del lugar donde se ha nacido, comienzan a re-producirse las significaciones de quienes dominan y se adueñan de las palabras, las dirigen hacia un sentido; y los otros, aquellos que se vuelven repetidores de las mismas.

Un gran sector poblacional deja de *escuchar, de leer, de mirar, de comprender, de interrogarse* y sólo se mantiene en una repetición, aceptando una textualidad prefijada, como una verdad única.

Gianni Rodari reflexiona sobre las sociedades que tienen el mito de la productividad; sostiene que dichas sociedades requieren hombres mutilados en su capacidad de comprender. Sólo necesitan de ellos que sean ejecutores obedientes, reproductores, seres sin voluntad propia siempre dispuestos a ser dóciles. Es necesario entonces modificar dichas sociedades. Y para ello hace falta usar la creatividad y la imaginación.

Dice Antonin Artaud: «A mi modo de ver, no es tan importante defender una cultura cuya existencia jamás ha evitado que un hombre sintiera hambre como extraer, de la así llamada cultura, ideas con una perentoriedad idéntica a la del hambre», había escrito.

Si la lengua se define como un sistema de signos convencional que permite comunicarnos, ¿qué implica esa comunicación si, como venimos diciendo desde el comienzo, hay múltiples significados, múltiples interpretaciones y lecturas posibles? Además de los mal (o bien) entendidos que esta multiplicidad propone.

Tenemos un gran ejemplo de malentendidos en *El rey Lear* de Shakespeare. El rey Lear injustamente se equivoca al escuchar a la hija que, justamente, lo está comprendiendo y, de ese error de lectura, de escucha, la tragedia crece, se impone. ¿O acaso no sucede que siempre una tragedia es, ante todo, un tremendo equívoco?

Otro ejemplo de malentendido: después de un seminario de lecturas literarias, se produce este diálogo por correos electrónicos. Alguien recibe este mail de uno de los participantes.

Correo electrónico 1

Hola Z, qué interesante ayer. Aprovecho y te quería preguntar por una frase que pensé que recordaría, la de El rey Lear: *¿Era así: «qué lamentable el bien cuando se tiene el cambio y...?» Me parece que no logro reconstruirla.*

Se le responde a Z:

Correo electrónico 2
Las frases de El rey Lear *están todas en el inicio de Acto IV, siempre en boca de Edgar. Es al revés: «Qué lamentable el cambio cuando se tiene el bien, que el mal en risa se convierte.»*

O sea, que una frase es comprendida en su otra cara, así como le sucedió al rey Lear.
Pienso en otro ejemplo de equívoco cotidiano.

Una amiga le dice a otra:

— *No podré ir a la cena, se rompió el termo y se me está inundando la casa.*
—*¿Por un termo tanto lío? ¡Secá un poco y vení!*
—*¿Me estás cargando?*
—*Vos a mí, inventá una excusa mejor.*

Por supuesto ambas se ofenden. Meses después, al comentar A. que tiene un termotanque nuevo, B. se larga a reír.
Una hablaba de un termotanque y la otra del termo con agua para el mate.
Es muy interesante buscar ejemplos de los propios malentendidos. Les invito a que hagan su propia lista de malentendidos, equívocos surgidos en el lenguaje y que muchas veces pueden resultar cómicos o dar lugar al chiste.
Volvamos a la comunicación. ¿Qué comunico? Claro que es cada vez, ya sea a uno solo, a varios o incluso a una multitud en conversaciones, actos, clases, conferencias; formas de discurso en que es uno quien «tiene» la palabra.

Creo que podríamos decir que el que habla es quien, en el instante de estar hablando, detenta el poder. Es el amo. Y si varios hablan a la vez, se podría decir que nadie habla porque no están quienes escuchan. O en todo caso, uno, tal vez, se escuche a sí mismo. Aunque son muy pocas las ocasiones en las que escuchamos.

Escuchar es leer, es tan difícil y placentero como leer porque implica un descubrimiento continuo. Para escuchar, para leer, se necesita el esfuerzo de la entrega. De estar «con/en/desde» esos vocablos que el otro dice. Pero, ¿puedo introducirme, entrar, en ese decir, un decir que viene siempre de otro lado? Otra persona, el libro, correos electrónicos, etc.

Entrar al decir de otro, por ejemplo, al libro, es producir un movimiento de oleaje. Equivale a poner en las aguas algún elemento, una cuchara, una piedra, alguna cosa, y eso aumenta, aumenta y es hermoso si salpica, si se produce algún desparramo.

Ese salpicado podría mostrar el hacer del escritor, del pintor, del coreógrafo. Podría ser como una medida: un termómetro de libertad, así como una medida de la fragilidad y muestrario de todas las formas de interrupciones, abandonos y reinicios de los seres humanos.

Comunicarnos sería intentar la unión, el contacto con otras personas. Serían funciones tanto verbales como no verbales cuando se intenta informar algo. Por ejemplo, avisar que las puertas de tal biblioteca permanecerán abiertas toda la noche; o que está lloviendo, tal vez lo mejor entonces sería llevar paraguas.

También comunicar pedidos: «¿podrías cerrar la puerta sin golpearla?»; o, «quiero un kilo de pan».

A veces, estos simples mensajes pueden modificarse, sufrir alteraciones en el camino. Tal vez pidamos ese kilo de pan apurados o en un tono de voz muy alta y el vendedor se ofenda y nos diga: «¿por qué me hablas así?» Quien habló, a su vez, se vuelve a ofender porque piensa: «¿quién le dio confianza para que me tutee?» Esto puede seguir hasta el infinito.

Suponer de antemano que hay posibilidad de reunión con el otro a través de lo discursivo es difícil, ya sea por las equivocaciones que suelen ocasionarse, ya sea porque, en su recorrido de uno a otro, el mensaje tiende a modificarse. Tal vez esa reunión/comunión solo sea posible al leer un poema en voz alta y que haya un encuentro-jadeo común-supuesta comprensión y conmoción entre el que lee y escucha. A la vez, es posible lograr, a través de una práctica intensa en común, ese vínculo de diálogo y comprensión con los otros.

Aquí

Aquí —es decir, aquí donde la flor del cerezo quiere ser más negra que allí.
Aquí —es decir, esta mano que le ayuda a serlo.
Aquí —es decir, aquel barco en el que remonté el río de arena: amarrado
fondea en el sueño que esparciste.

Aquí —es decir, un hombre que conozco:
sus sienes son blancas,
como las ascuas que apagó.
Me arrojó su vaso a la frente
y volvió,
pasado un año,
para besar la cicatriz.
Profirió su maldición y su bendición
y no volvió a hablar desde entonces.

Aquí —es decir, esta ciudad,
regida por ti y la nube,
desde sus tardes.
Paul Celan.

Podríamos decir que más aún en este siglo XXI, *comunicar* ha trastornado su significado. Se trata ahora de comunicar para imponer gustos, necesidades superfluas, hacer creer que una crema anti-arrugas, una licuadora más veloz, un pantalón de cierta marca o un automóvil con espejos más grandes, nos harán felices. Lo que implicaría que todo un gran sector social, que apenas accede a comer, se vea imposibilitado de lograr esa felicidad. O sea, que esta sociedad de la comunicación nos dice todo el tiempo que somos unos infelices y que dejaremos de serlo cuando consigamos determinado producto.

En estas últimas décadas se ha ido estableciendo con firmeza un nuevo poder de la mano de una nueva economía: la imposición incesante de producir mercancías y convertirlas en necesarias, una insistencia tan feroz que construye deseos. Y sabemos que quien produce, no está produciendo solo mercancías, sino que produce relaciones sociales.

A veces no queda otra posibilidad que repetir ciertos vocablos. ¿Cómo decir *producción* de otra forma? ¿Hay acaso algún sinónimo que pudiera reemplazarlo? Tal vez, a ustedes, lectores, se les ocurra otra palabra, tanto en este caso como en otros del libro donde algunas palabras insisten, se repiten, retornan.

Se ha ido constituyendo un nuevo ser, *el ser del y para el consumo* de cosas superficiales, innecesarias, pero que se ha logrado crear «la idea» de que son vitales. Ya en 1975, el escritor Pier Paolo Pasolini dijo que la cultura de masas, la televisión y el consumismo producen aculturación. Paradójicamente, se consume en nombre de la tolerancia y la libertad. Pero, muy por el contrario, se trata de un acto centralista y controlado, en nombre del cual incluso llegan a cometerse genocidios. Sabemos que fue en aumento en las décadas que han seguido a este discurso. Además, se han agregado todos los medios tecnológicos con una velocidad que ha vuelto a modificar las relaciones sociales y ha provocado una mayor deshumanización. Aclaro, como también lo hizo Pasolini, no por estar en contra de la televisión o de internet o de las redes sociales, que podrían ser y son muchas veces excelentes dispositivos de transmisión, sino por las formas en que son utilizadas y que convocan al consumo incesante. Las nuevas tecnologías son herramientas al servicio del accionar humano: por eso no son negativas en sí mismas, sino que dependen de cómo se las utiliza. La comunidad sigue siendo la única protagonista, y responsable, del uso que se le da a cada obra de la ciencia y de la cultura.

Todas estas, fórmulas gigantescas de poder que los lectores, escritores, artistas, seguimos *esquivando* (que es la mejor manera de enfrentar para evitar caer en otras maneras del poderío), buscando que se escuche la palabra y, allí donde está cargada de peligro, vaciarla, y donde está vaciada, volverla a cargar.

Profesores, artistas, mediadores, somos los nuevos molinos de viento.

Compartimos un fragmento del cuento *Cantata para los hijos de Gracimiano* de Daniel Moyano, donde la realidad de tantos se presentifica:

El hombre y la mujer despertaron con los huesos fríos, como dos arañas inútiles expuestas al sol. Estaban tendidos en la expresión donde los había dejado el deseo, fatigados en una interminable reiteración mecánica de un impulso iniciado hacía tiempo. Lo único visible del hombre era un largo brazo caído hacia el piso de tierra, y de la mujer un mechón negro de cabellos. El resto era una construcción topográfica de huesos puntiagudos debajo de la frazada, que latía en su fragilidad impulsada por cuatro pulmones. Últimamente cada acto de amor les sabía a duelo, pero lo ocultaban ante el temor de que fuese verdad. Estaban ambos boca arriba, casi juntos. Pensaban.

El problema que tenían era cómo decirles a por lo menos dos de los nueve hijos, los mayores, que ese día los entregarían a otras familias que pudiesen alimentarlos. Para los siete restantes, menores y sin entendimiento, era un simple problema de combinar palabras, que para ellos, más que significados, serían simplemente sonidos.

Los hijos, desparramados en el suelo, tendidos sobre prendas caballares, dormían en desorden al pie del catre de Gracimiano. El viento de la mañana se filtraba por las paredes vegetales. El menor tenía un fin de sonrisa en la cara aceitunosa. Los demás mostraban sus manos sin el temblor cotidiano de los últimos tiempos, finalmente vencidos por el sueño, que también era un alimento, pero aturdidas a veces por visiones internas que jugueteaban en las cabecitas desordenadas. De un modo o de otro, salvo quizás el menor, sabían que ese era el día de la separación.

Los hijos de Gracimiano habían roto las cáscaras de los nueve huevos primordiales eludiendo la cifra cien que se le resta a cada mil niños que nacen en esta tierra del cacto, y pasando por el territorio de las vacunas y de la leche en polvo lograron inscribirse valientemente en el censo del último año, para gloria eterna de la patria. En adelante sólo tendrían que afrontar lo que afronta cualquier hombre, contando entre ellos al Gracimiano y a la Gracimiana.

El Gracimiano padre y la Gracimiana madre no les habían dicho nada todavía sobre el destino que pudiera tener cada uno de ellos a partir de ese día en las casas de quienes pudiesen alimentarlos. Tampoco ellos habían hablado sobre eso. Lo pensaban separadamente. O quizás no lo habían pensado todavía, pero el hecho de la separación estaba en el aire, era la consecuencia de los pequeños actos que se sucedían día tras día, aparentemente inconexos entre ellos, destinados a unirse, sin embargo, para for-

mar un desgarramiento, o nueve desgarramientos, como lo esta-
ba intuyendo ella en ese momento:

«Nosotros no lo pensamos nunca. Fue don Pedro cuando dijo
al verlos temblar que esto no podía seguir así. En los pueblos
de abajo hay todavía familias que pueden alimentarlos. Y usted
señora no lo provoque más a su marido. No se acuesten juntos
durante un tiempo. Ustedes mismos están quedando puro hueso.
Pronto comenzarán a temblar como ellos». Pero lo que más les
preocupaba, a medias, porque pensaban con mitades de pala-
bras, era la cronología de las separaciones. Primero uno, después
el otro, y así hasta nueve. Porque además no era justo dar algu-
nos solamente y condenar a los otros. El bien probable debía re-
partirse equitativamente, como aquella vez que con un hilo divi-
dió un huevo en nueve partes exactamente iguales. El hombre se
había opuesto a la división del huevo. Había que dárselo al menor
para que no temblara como los otros. «Lo único que has logrado
con esa geometría es dejar con hambre a los nueve».

Gracimiano eludía las cronologías inevitables y trataba de reducir
las nueve separaciones a una sola. «Después de todo, los hijos no
son de uno sino de quienes les dan la leche. Iremos en la carreta,
ello bajarán por atrás y entrarán en las casas de quienes sean».
Después él y Gracimiana seguirían hacia adelante, lo único que
había que hacer entonces era no mirar para atrás, y sobre todo
no decir nada cuando los niños fuesen bajando porque eso sería
repetir nueve veces un montón de palabras inútiles, y a uno le
quedaba siempre la posibilidad de dar un grito, un solo grito que
incluyese a los nueve. En eso oyó más o menos claramente el
ruido de las patas del caballo de don Pedro, el encargado de la
Sala de Primeros Auxilios, y enseguida el ruido metálico del tarro
de leche en polvo que el hombre dejaba caer al suelo sin bajarse
del caballo. Esperó unos instantes el ruido del otro tarro, «pero

nunca más volverá a repetirse, una sola vez me dejó dos tarros, después fue siempre uno solo», y con eso debía estar más que agradecido a don Pedro, porque en realidad no le correspondía ningún tarro de esa leche que repartía el Gobierno para niños menores de dos años y madres en situación. Después abrió los ojos y vio que afuera no había ni tarros ni caballos y que los ruidos estaban en su memoria.

El hombre sabía que la mujer tampoco dormía, que estaba pensando mientras esperaba que amaneciese, pero se levantó muy despacio, no tanto como para no despertarla sino para que no advirtiera lo que iba a hacer. Al bajar del catre tanteó con un pie la cabeza de Anita (sabía que era ella por lo suave del pelo), y luego, levantando los pies como un gato mientras caminaba entre los niños, alzó con cuidado el tarro de leche que estaba sobre la mesita y salió al campo. Allá vio que quedaba polvo como para hacer medio litro, encendió fuego, sacó agua del cántaro, preparó un poco de leche y en cuatro patas volvió hasta el lugar que ocupaba el menor en la cama común y se la dio. «Tómela sin hacer ruido, no vaya a ser que se despierten los otros». Hecho esto se acostó nuevamente. Quizás amaneciese enseguida. (...)

Sigamos con el lenguaje como bien común y el sistema solidario que lo constituye.

Ferdinand de Saussure también nos cuenta que el signo lingüístico une los conceptos y las imágenes acústicas. La naturaleza de los signos lingüísticos, por lo tanto, es arbitraria y sin nexo real.

No hay ideas preestablecidas y el psiquismo no acoge más forma sonora que la que le sirve de soporte a una representación identificable para él: si no, la rechaza como desconocida o extraña.

Si acordáramos con Ferdinand de Saussure y aumentáramos su significación, podríamos decir que escuchada pocas veces la palabra *libro* y, además, no habiendo tenido la posibilidad de acceder a él, ¿cómo llegarían a saber los niños de zonas llamadas vulnerables, es decir, donde no hay acceso a bibliotecas, donde no hay libros sobre la mesa y hasta puede ser que no haya mesa, ni comida, ni agua potable?, ¿cómo supondrían que dentro de un libro hay un tejido que les va a interesar?

Aunque en los espacios que recorren, donde viven, donde se entretienen, incluso donde trabajan, el televisor esté encendido casi todo el tiempo —impuesta la necesidad de televisores encendidos y voces repetidoras—, es extraño encontrar la imagen del objeto libro en las publicidades, en los noticieros, en las telenovelas, en las series.

Y aquí estamos hablando de los docentes lectores y mediadores a los que les sucede *el leer como deseo*. Los que interrogan a los textos, cuestionan lo que los manuales presentan como verdad al narrar los hechos históricos, y son transmisores de ese deseo. (Porque también los hay que suponen que no se pueden cuestionar los textos, y entonces cuestionan a los participantes: su forma de hablar, sus singularidades.)

Creo que se tiene que encontrar esa vuelta de tuerca, esa revuelta, y salirse de madre. Curiosa expresión, así como en el poema de José Lezama Lima que dice: «Deseoso es aquel que huye de su madre»; la expresión «salirse de madre», si bien habla del lecho del río, del cauce, guarda algo cómico. (Es divertido lo de salirse de madre si se lo piensa como un estar saliendo continuo, cada vez, del cuerpo materno, de otro cuerpo.)

En muchos ejemplos de acciones del capítulo «Entre letras y libros: experiencias en zonas vulnerables», veremos cómo surge, ante la lectura que se ofrece, el de nombrar primero las necesidades: comer, tener tiempo entre una acción y otra, tener un espacio cómodo, tener abrigo, no sufrir frío o calor, conseguir antibióticos, etc. Satisfacciones elementales que en este siglo ya tendrían que estar resueltas en el momento en que sucede un nacimiento, pero que no lo están y que impiden avanzar (en lo humano). Porque impiden demandar y desear. Pero como el mediador, o facilitador, docente, animador, va con su propia demanda (de ser escuchado, de ser bien mirado, de rodearse de amorosidad, de querer compartir lo que lleva y ha diseñado) algo sucede, algo va calando —aunque lento— entre los intersticios, entre los pliegues y repliegues, y se puede llegar, habitualmente, a la actividad propuesta.

Además, los libros siempre a/traen. Es muy difícil evitar la tentación de acercarse a ellos, abrirlos, dar vueltas sus páginas. Y donde hay tentación, algo de la voluntad y el deseo pueden ocurrir. No se trata de provocar —solamente— el deseo de leer. Se trata de ir más lejos: que nos cautive, nos abrace, el leer como deseo (en sus funciones de sustantivo y verbo). Ser leyendo; es decir, aprendiendo a ver, escuchando, interrogando, discerniendo.

Adentrados a un rebús, a eso que viene a representar una cosa por otra, nos suceden los ejes del lenguaje (que nos habitan y habitamos) cuyas leyes son las que, entre otros, Roman Jakobson aisló como funciones metafóricas y metonímicas. Entonces, los significantes se articulan en cadenas que se desarrollan en dos vías: la de la metáfora donde se sustituye a un significante por otro significante de diferente campo semántico, y se crea así otro significado y sentido. La de la metonimia, que descompone y disuelve el sentido y es un continuo desplazarse.

En primer lugar, tenemos las metáforas congeladas, las que usamos en las conversaciones cotidianas:

«Qué cómodo el brazo del sillón»
«Le salen chispas de los ojos»
«Están más locos que una cabra»

También hablamos creando metáforas y las encontramos en los textos de ficción, pero muchas veces en una nota informativa. En un texto de Daniel Moyano, ante un gran ruido un niño se asusta y pregunta:

—Mamá, ¿qué pasa?
Y ella dice:
—Nada. Es un caballo blanco que anda por las escaleras.

La metonimia, la que nos muestra la parte por el todo, es el recorrido infinito de la prosa y del hablar. Decimos, por ejemplo:

«Leí a Ana María Shúa», y todos entendemos que no me detuve a leerle sus rasgos, sino que estuve leyendo algún libro suyo.

«Me comí todo el plato» y nos entendemos, la comida estaba riquísima, el plato quedó vacío.

Podemos decir «sos mi corazón», y aquí sabemos que el otro no es ese órgano, sino que estamos nombrando la parte por el todo, sabemos qué le decimos al otro. Pero este ejemplo sirve también de metáfora, es que los polos metafóricos y metonímicos, por lo general tienen un lugar donde se tocan y cumplen ambas funciones. Solo en algunas ocasiones especiales, una metáfora es tan lograda que asombra y detiene por un instante el infinito decir. Es una irrupción en la lectura, y hace un efecto de conmoción, de inquietud transformadora.

Jorge Luis Borges decía, y a la vez bromeaba, que escribir es seleccionar y combinar elementos. Esto que sería así de objetivo, no lo es, porque alguna cosa (letras, jadeos, respiraciones, suspiros) va flotando entre esos ejes que se vacían, se llenan, se desflecan, se tejen y otro punto de ese tejido se vuelve a escapar. A veces se reencuentra; otra queda el vacío y, todavía, hay veces donde son diferentes, diversos, los puntos que se hallan.

Más allá de toda demanda, está la risa que responde a los juegos del lenguaje. Y dice Julio Cortázar: «*No te voy a cansar con mis poemas. Digamos que te dije nubes, tijeras, barriletes, lápices... y acaso alguna vez te sonreíste.*»

IV. Desmalezar

*Piensas que escribes sobre una superficie blanca con letras azules
cuando en verdad escribes sobre una superficie negra con letras
negras.* José Kozer.

Es casi un lugar común y una afirmación decir que antes de hacer
alguna actividad, se está en un espacio vacío. Para el momento de
empezar a escribir, se dice que estamos ante la página en blanco.

Pero si pensamos el empezar a escribir como una lectura, entonces esa «página blanca» estaría llena de letras, de palabras, de
frases, de ideas, de anotaciones, subrayados, narraciones, creencias,
prejuicios y hasta llena de ruidos.

Como al nacer, llegamos a un mundo de signos, un mundo con
inscripciones y repleto de imágenes y palabras; así, cuando nos
predisponemos a escribir, llegamos a una página repleta.

Entonces se tratará de ir desmalezando, evitando esa enreda-
dera confusa para poder decir de algún modo diferente e ir hilva-
nando los vocablos que permitan, a la vez, algo de silencio, evitar
el barullo, eso hiperdiscursivo que nos aturde, las frases que nos
mecanizan y colonizan el deseo de nombrar. Y escuchar las respiraciones, los susurros hasta que tomen forma de palabras en un
ritmo que ellas mismas van pidiendo.

Un dejarse llevar, pero no solamente y, como se dice, por la
corriente, sino para dejar lugar a sonidos peculiares.

¿Un hamacarse en la plaza de la infancia?

¿Un mecerse con la voz que nos cuenta una historia y donde
una palabra resalta envuelta en color?

¿Una vacilación?

¿Torsiones?

Gilles Deleuze afirma que la página en donde el escritor se dispone a escribir, o la tela en donde el pintor se dispone a pintar, están cubiertas de elementos preestablecidos. No existe, a nivel simbólico, una tela virgen ni una página en blanco. Antes de ponerse a crear, el artista percibe que la cultura lo antecede.

Estamos en un largo tiempo en que la existencia, el estar ahí, más que provocarnos un abrir los ojos con asombro, nos llena de espanto por cosas que no dejan de suceder.

Un estruendo

La verdad misma
ha comparecido entre
los hombres,
en medio del
remolino de metáforas.
Paul Celan.

Hay que alcanzar a ver este estruendo, ya adormecidas nuestras miradas ante la repetición de imágenes de niños desnutridos, de muertes con armas químicas, de muertes ante lo que implica matar. Y que nos afecten, nos despierten: el mundo se exhibe ante nuestros ojos en una enorme cantidad de imágenes que nos atrapan y nos vuelve difícil, cada vez más, el espacio de reflexión o discernimiento. Desmalezar, dejar espacios vacíos para poder atravesar las púas y encontrarnos afuera del consumo, afuera de los *shoppings* inmensos sin ventanas, con luces artificiales que no nos dejan saber si es de día o de noche.

Sin embargo, otro escritor —tal vez porque atravesó de otro modo las zonas hostiles, las de la demolición de un sujeto por otro, fue esperanzador, aunque sabía que la esperanza está siempre un poco lejos en el espacio/tiempo— seguía creyendo en los seres humanos. También en la posibilidad de otra manera de leer. Es John Berger y nos dice:

No puedo decirte qué hace el arte y cómo lo hace, pero sé que a menudo el arte ha juzgado a los jueces, vengado a los inocentes y enseñado al futuro los sufrimientos del pasado para que nunca se olviden. Sé también que, en ese caso, los poderosos le temen al arte, cualquiera sea su forma, y que esa forma de arte corre entre la gente como un rumor y una leyenda porque encuentra un sentido que las atrocidades no encuentran, un sentido que nos une, porque es finalmente inseparable de la justicia. El arte, cuando obra de ese modo, se vuelve un espacio de encuentro de lo invisible, lo irreductible, lo imperecedero, el valor y el honor.

V. Conspiraciones

«Nada es más necesario y nada es más fuerte en nosotros que la revuelta. Ya no podemos amar nada, estimar nada, que tenga la marca de la sumisión» Georges Bataille.

Pero, ¿aquel que no sabe leer, aquel que no sabe reconocer las letras? Daré un ejemplo que he leído en *Outside* de Marguerite Duras y que ella había publicado previamente en un periódico.

«La palabra *Lilas* es casi tan alta como ancha...»

Germaine Roussel, 52 años, nacida en Amiens, obrera en una fábrica metalúrgica de la región parisina, vive en Romainville desde hace once años. No sabe leer, ni escribir. Se educó en la asistencia pública, luego se colocó en la casa de unos granjeros de Somme, y terminó obrera en una fábrica, madre de dos niños y sola para criarlos. Nunca tuvo «ocio» para recuperar el tiempo perdido. Hemos intentado vencer nuestra timidez ante Germaine Roussel para lograr que nos describa su universo o, si se quiere, como ella mismo lo llama, su enfermedad.

—¿Hay palabras que reconoce usted sin saberlas leer?

—Hay tres. Las palabras de las estaciones del metro que tomo todos los días: *Lilas* y *Chatelet*, y mi nombre de soltera: Roussel.

—*¿Las reconocería usted entre muchas otras?*

—Entre una veintena, creo que las reconocería.

—*¿Cómo las ve usted? ¿Como dibujos?*

—Digamos que sí, como dibujos. La palabra Lilas es tan alta casi como ancha, es bonita. La palabra Chatelet, es demasiado alargada, me parece menos bonita. Es muy diferente a la vista de la palabra Lilas.

—*Cuando se ha encontrado usted intentando aprender a leer, ¿le ha parecido difícil?*

—No puede usted hacerse una idea. Es algo terrible.

—*¿Por qué, principalmente?*

—No sé muy bien. Quizás porque es tan… pequeño. Exactamente. Perdóneme, usted, es natural, tampoco sé expresarme.

—*¿Le resulta muy difícil vivir en París, ¿verdad? ¿desplazarse?*

—Cuando se tiene lengua se puede ir a Roma.

—*¿Cómo se las arregla?*

—Hay que preguntar mucho y pensar. Pero, sabe usted, reconocemos muy deprisa, más deprisa que los demás. Somos como los ciegos, vaya, tenemos rincones donde nos orientamos. Luego se pregunta.

—*¿Mucho?*

—Diez veces, más o menos, para dar un viaje a París, cuando dejo Romainville. Están los nombres de los metros y uno se equivoca, hay que volver atrás, volver a preguntar, luego el nombre de las calles, las tiendas, los números.

—¿*Los números?*

—Sí, yo no sé leerlos. Los sé contar muy bien en mi cabeza para mi paga y mis compras, pero no sé leer.

—¿*Nunca dice usted que no sabe leer?*

—Nunca. Siempre digo lo mismo, que me he olvidado las gafas.

—¿*Alguna vez se ve obligada a decirlo?*

—Alguna vez sí, para las firmas, en la fábrica, en el Ayuntamiento. Pero fíjese usted, siempre me pongo colorada, cuando tengo que decirlo. Si usted estuviera en mi caso como otros, lo comprendería.

—¿*Y para su trabajo?*

—En el contrato, no lo digo. Cada vez suerte. En general funciona, excepto cuando hay las fichas de horas que hay que rellenar todas las tardes. Aparte de eso, finjo.

—¿*En todas partes?*

—En todas partes, en el trabajo, en las tiendas, finjo mirar las básculas, las etiquetas. También tengo miedo de que me roben, de que me engañen; desconfío siempre.

—¿*Le crea dificultades incluso en su trabajo?*

—No, trabajo bien. Me veo obligada a prestar atención más que los demás. Reflexiono, presto mucha atención. Va bien.

—¿*Y para las compras de su casa?*

—Sé todos los colores de todas las marcas de los productos que utilizo. Cuando quiero cambiar de marca, una compañera me acompaña. Luego, me acuerdo de los colores de la nueva marca. Tenemos mucha memoria, nosotros.

—*¿Cuáles son sus distracciones, el cine?*

—No. El cine no lo comprendo. Va demasiado deprisa, no comprendo cómo hablan. Y, sobre todo, hay demasiadas escrituras que bajan. La gente lee las letras. Luego, ya están emocionados o contentos, mientras que yo no comprendo nada. Voy al teatro.

—*¿Por qué al teatro?*

—Hay tiempo de escuchar. Las personas dicen todo lo que hacen. No hay nada escrito. Hablan despacio. Comprendo un poco.

—*¿Aparte de eso?*

—Me gusta el campo, ver los deportes. No soy más tonta que otra, pero al no saber leer, se es como un niño.

—*¿Le molesta la gente que habla por la radio, por ejemplo?*

—Sí, lo mismo en el cine. La gente utiliza palabras que están en los libros. Si no estoy acostumbrada a esta gente ni a estas palabras, luego hay que explicarme lo que dicen con mis palabras.

—*¿Olvida usted alguna vez que no sabe leer?*

—No, pienso en ello siempre. Es cansador, hace perder tiempo. Con tal de que no se note, esto es lo que uno piensa todo el tiempo. Se tiene miedo siempre.

Una conspiración incluye la intención de meterse en el interior del otro, sin que lo note. Pero también en ocupar su exterior, rodeándolo por dentro y por fuera. De este modo, el deseo se produce en un escondite que invita a entrar.

Y esta frase nos permite hacernos una pregunta: ¿El hecho de leer/escribir puede tomarse como una conspiración? Aquí estaría significado como un entendimiento secreto. Y hasta una complicidad tácita entre mediadores y receptores de objetos libros, así como de una forma de leer que implique la interrogación incesante de lo que se nos presenta.

Me interesa ir pensando la lectura y la escritura como espacios con otros en los que ir encontrando algunas formas de mejorar las condiciones desfavorables. Al menos, comprender que se está en condiciones desfavorables ya es dar un paso más.

La acción de leer es en presente continuo. Y lo que en un libro está escrito es independiente en gran manera de su autor; el lector volverá a escribirlo. O sea, que las acciones del leer y el escribir son inseparables.

Los textos mantienen, sí, la carga con la que fueron escritas: el peso, la pena, la risa de quién, con su destreza de equilibrista, recorrió los renglones, ya sea con lápices o en el teclado de las computadoras. Se trata de encontrarnos con ellos, con o sin mediación, multiplicando su efecto.

Cada lectura es novedosa y conlleva un dinamismo singular.

Leer resuena en nuestro interior. Emana. Si nos acercamos a alguien leyendo, sentiremos un aire cálido, una vibración especial. Cada uno/a que lea, está leyendo la historia de la humanidad; desde el nacer recibe la emanación de signos y la oportunidad de apropiarse de ellos.

Tal vez, en un medio rural, la no abundancia de letras de libros sea menos desoladora que en las ciudades. Las personas que viven en lugares rurales, en el campo, alejados de los grandes centros de consumo, tienen pocos espacios para entrar en contacto con los libros; y si bien esto ocasiona una inmensa falta, son otras las letras que se perciben.

Todavía se leen muchísimas cosas de lo que llamamos naturaleza: la subida y bajada de los ríos, el vuelo de las aves, las lunas con o sin agua, el lamento de los perros, el quiquiriquí de los gallos, el sonido de los vientos, los amaneceres y los atardeceres, los escondites del sol.

En el bosque de espinos

Inmóvil en su silla
no le asombran los cuentos de ningún viajero.
Sabe, por el crujido de las tripas
y el sapo que le habita el corazón,
del movimiento de los ríos y el viento,
el cambio de las estaciones,
que todo animal es mítico
porque señala un borde de lo humano.
Sabe, también
que la vaguedad es hórrida
porque no hay palabra que la nombre,
así como el lenguaje es un bosque de espinos
repitiendo el límite de lo posible
y somos cabras
de súbito enloquecidas
que huimos
dejándonos en cada espina.
Seguro en su silla cree saber
que es un desvarío el sueño de los poetas:
decir una palabra.
Decir una palabra
hasta estallar el mundo
y su sentencia. Una conspiración incluye la intención de meterse
en el interior del otro, sin que lo note. Pero también en ocupar su
exterior, rodeándolo por dentro y por fuera. De este modo, el deseo se produce en un escondite que invita a entrar.
José Watanabe.

Quien carga con el calificativo de analfabeto siente vergüenza (otra vez el sometimiento y el victimizar; la persona a la que no se le permitió estudiar, es la que tiene que ocultarse, avergonzarse y no, como corresponde, al revés, al que impidió al otro el acceso a alfabetizarse).

Sin embargo, una amplísima mayoría de los llamados alfabetizados, no lo están. Es que todavía, o cada vez —nuevamente— en estos tiempos, una mayoría sabe unir las letras con más o menos dificultad, pero no logra comprender eso que va uniendo. Juntar las letras para formar una palabra, armar y leer la frase, produce un esfuerzo tan grande que ya no se llega a entender qué está escrito allí; qué nos están contando. Se trata de subsanar esto a la vez que lograr que se comprenda la lectura, pero que se comprenda de modo tal que podamos cuestionarla, disfrutarla, repreguntar, reescribir.

Tomando casi textual un breve y abundante poema de Juan José Saer, podríamos decir que se trata de comprender de tal modo que haya lugar para que a cada uno le sea posible crear de «las astillas que recibe/la lengua a su manera/con las reglas de su pasión».

SEGUNDA PARTE:

LA ACCIÓN DE REVUELTA EN EL TERRITORIO

VI. Entre letras y libros: experiencias comunitarias

Propongo un cruce entre las lecturas y cómo nos tocan. Todo el tiempo las letras danzan ante nuestros ojos cuando miramos, y no solo los letreros de la publicidad que hacen que acumulemos costumbres, que creamos saber qué bebida nos hará mejores, qué remedio hará de nuestro cansancio un descanso, de nuestros dolores una placidez. Publicidades que nos ofrecen un modo de estar en el mundo, convenciéndonos de que la «normalidad» es la compra-venta.

Conscientes de cómo se quieren naturalizar y se naturalizan las situaciones diversas en el mundo, es que vamos a distintas zonas con muchas ganas de transmitir lo que, para nosotros —promotores, mediadores, o como prefiero decir, artesanos del narrar, leer y escribir— implica otro modo de mirar, de ver, de estar en el mundo.

Nuestro modo de leer nos llevó a preguntarnos por qué habríamos de decir que vamos a «zonas vulnerables». ¿Por qué nombrar así a un lugar?

Vulnerable es usado como adjetivo; por lo tanto, a veces redunda en su decir y la mayoría de las veces califica, marca, señala. Si buscamos el significado de esta palabra, los diccionarios dirán que: «La palabra *vulnerable* se utiliza como adjetivo para hacer referencia a una persona o cosa que puede ser dañada o recibir lesiones, bien sean físicas o morales. La palabra *vulnerable* es de origen latín *vulnerabilis*, una palabra formada por *vulnus* que significa 'herida' y el sufijo *abilis* que expresa 'posibilidad'; por lo tanto, es la posibilidad de ser herido.

Se dice que las personas vulnerables se caracterizan por ser frágiles e incapaces de soportar algún acto. En un principio, se relaciona el término de vulnerabilidad con niños, mujeres y ancianos, ya que poseen mayor fragilidad con respecto a otros grupos de personas; por ejemplo: un niño es vulnerable frente al maltrato de un adulto. U otras situaciones como muertes, separaciones, abandonos, enfermedades que hacen a la persona débil y que pueda ser herida con facilidad.

Asimismo, un individuo vulnerable es aquel que presenta condiciones sociales, culturales, políticas, económicas, educacionales, diferentes de otras personas, ya que una persona sin estudios se encuentra en una situación de vulnerabilidad, por lo que le será difícil desenvolverse en el mercado laboral y poder obtener un puesto de trabajo que le permita satisfacer sus necesidades, lo que trae como resultado una desigualdad creciente en la sociedad.

Interesante es que también se compara lo vulnerable con lo sensible y lo invulnerable con lo insensible. A los seres vulnerables como débiles, inseguros, frágiles (y ese adjetivo *frágil* nos llevaría a más y más preguntas y respuestas, por ejemplo, el sustantivo *mujer* acompañado de dicho adjetivo, lo que convierte de inmediato a las mujeres en frágiles y toda la cadena asociativa que lleva, es decir, débiles, inseguras, etc.)

Veamos contradicciones con dicho término. El niño, calificado de «ser vulnerable», entra, por ejemplo, en contacto con los libros con una experiencia luminosa. Es notable comprobar que, más allá de los matices en las respuestas, un niño que comienza su alfabetización, que aún no sabe leer, adquiere por imitación la actitud del que sí sabe leer. Si le preguntamos qué está haciendo, es muy probable que nos diga que está leyendo. Si le preguntamos cómo lee, quizás nos dé una explicación detallada de cómo mira los garabatos que no comprende (las letras que le serán reveladas en el futuro) y los anclará con significados propios, adivinatorios y originales.

Así, de este modo, los niños que no aprendieron aún a leer, se acercan a las letras inscriptas en libros y diarios y les atribuyen una significación íntima, quizás variable. Y proponen, muchas veces, lecturas que amplían la significación del libro mostrado.

Entonces, si hay zonas vulnerables (débiles, frágiles, susceptibles de ser dañadas, inermes), es que hay otras zonas poderosas, insensibles. Capaces de abusar de las primeras.

Tal vez para aliviar su culpa, ciertas zonas de poder dan espacio a la creación de instituciones que aplaquen la indefensión de tantos, de una mayoría. Por ello contratan a mediadores, animadores de lectura, artesanos poéticos, a esos amantes del libro que, como yo, seguimos pensando que leer es, además, una herramienta transformadora, una parte vital del cuerpo o, más aún, los renglones que se leen son venas que nos recorren, capaces de invitar a la fuga. Leer-escribir: nutrientes incesantes. Que nos convoquen, contraten es, entonces, una paradoja, dado que nuestra tarea implica cuestionarnos el hacer, revisitar anteriores experiencias y formular nuevos posicionamientos: recorrer el territorio y compartir desde un inicio para que se promueva mayor diálogo con la comunidad; reflexionar con los participantes: leer los textos y la realidad con discernimiento.

¿Desconocen las instituciones, cuando se nos ofrece este hacer, esta posibilidad de transmitir nuestro modo de leer o es la contradicción misma de dichas instituciones, del fluir de la vida que da acceso a este improbable posible? Tal vez el deseo de dar a los otros, de ser con los otros, el propio deseo de creación, no se pueda enjaular tan fácilmente (sabemos que incluso en situaciones atroces de campos de concentración, de campos de refugiados, niños y adultos seguían y siguen dibujando, poetizando, componiendo músicas, cantando, emanando signos para dejar huellas, migas humanas, en el vasto espacio donde vamos, incesantes, siendo). Entonces, es la posibilidad de recordar, contarnos historias los unos a los otros, leer-nos, escribir-nos, transformadores de realidades estáticas y con el único saber: vivimos en territorios de arenas movedizas.

Los mediadores, «artesanos de lo poético», vamos con los libros y nuestras lecturas a cuestas, vamos a compartir, degustar, también reflexionar, mover la rueda del poder que pretende convertirnos en personas como bálsamos inofensivos que no signifiquen amenaza alguna para el hogar neoliberal, es decir, el sistema capitalista.

Situaciones

¿Cómo relatar experiencias que nos implican, cada una en su peculiaridad y que no tienen fin? Porque, aunque la experiencia propiamente dicha finaliza, es para abrir otras puertas, para continuar.

Así, resultará otra acción que cada vez es nueva, aunque contenga lo experimentado, porque será otro el espacio, el grupo, la comunidad, su problemática.

La tarea es la misma, llevar libros, llevar textos, provocar el interés por la lectura «que conducirá, inexorable, a escribir». Y con esa lectura ir logrando el túnel que lleve a la superficie de un decir propio.

> *Pienso en mi mirada.*
> *En qué campo de batalla nacieron mis ojos*
> *y allí se estrenaron*
> *para ver así,*
> *y mirar de otro modo.*
> Osvaldo Lamborghini.

Llegar a cada zona llevando en el propio cuerpo el leer como deseo.

Sin embargo, la entrada a un espacio diferente produce una irrupción que podrá volverse creativa, pero siempre implica una mutación, un trastorno. Los irrumpidos pueden buscar una salida, resistir a esa incursión o ir descubriendo en ella algo que pueda ser convocante/útil/placentero/transformador.

En ese particular punto de encuentro, en la intersección entre la propuesta del mediador y aquellos moradores de sitios nombrados vulnerables, se produce un contacto con la más profunda credulidad. Al mediador (promotor, artesano poético) se le presenta un nuevo espacio-tiempo, acotado, real, para intentar ese contacto entre las personas y la lectura, como manera de resistir y generar revuelta.

Entonces va con sus «anotaciones» antes de un encuentro:

Digo. Me digo y repito de memoria:

— *No hacerse ideas preconcebidas del grupo.*

— *Acercarse con el material amplio, variado.*

— *¿Qué elegir?*

— *Quizás los autores que en este momento estoy leyendo, me hablen.*

— *No quedarme fijada a lo que preparé.*

— *Escuchar.*

— *Generar un espacio colaborativo...*

(Aparece, también, cierto temor.)

Es que se trata de:

— Impulsar y sostener acciones con comunidades donde las personas que provienen de mundos diversos (por su formación y experiencia, sus intereses, su origen o situación social), conversen, relaten, lean, escriban. Reflexionen y disientan en reunión.

— Experimentar, inventar metodologías y modos de hacer colaborativos y multiplicadores.

— Lograr espacios-tiempos de hospitalidad en los que la escucha, la interacción y los cuidados ocupen un lugar de privilegio.

— Cada uno de los talleres, laboratorios, son siempre realizados, construidos, inventados con los otros.

— No reducir el campo de la literatura a determinadas temáticas dado que el campo del estar «está por estar». El territorio de la literatura es universal, sin fronteras.

«El uso total de la palabra para todos (...) no para que todos sean artistas, sino para que nadie sea esclavo».
Gianni Rodari

¿Acaso voy a los diversos espacios a evangelizar, a misionar, a predicar? ¿Qué queremos, que esperamos que suceda en ese tiempo/espacio, nosotras, mediadoras, artesanas de lo poético? ¿Cómo explico mi rol, al ir con mi propia carga cultural, para no invadir, aprender, interactuar con los demás? ¿Cómo zanjar los recelos sobre el «otro» que se fueron conformando en el entramado social y lograr la reunión? ¿Cómo hacer para que, a su vez, cada uno haga propio el encuentro con la literatura y los libros? ¿Cómo hacer para que la comunidad encuentre el interés, el placer de leer el mundo, de ampliarlo, de hallarlo una y mil veces de diferentes maneras en las páginas? ¿Y que los libros fomenten el encuentro con los demás? ¿Y que ese leer/escribir sea una herramienta para fortalecer la propia manera de ver el mundo, de transformarlo y transformarnos? ¿Cómo transmitir, transportar a esa «otra zona»,

zona del arte, y que vayan sucediéndose rastros, circuitos hacia ese giro que implique el no consumir las frases dadas, sino crear una revuelta? O sea, un carril otro, un alejamiento de cualquier prédica.

Todo aquel que se desempeña como mediador, promotor, artesano poético actúa movido por un deseo, una voluntad: que la trasmisión de la narración, la lectura, la escritura sea capaz de mover escenarios, de transformar el propio pasado, el presente mismo, y dar otra cosa, otro modo, otra zona del habitar. ¿Cómo se llega a este hacer? Podría decir que, por ejemplo, en lo personal, fueron los otros los que vieron en mí esa posibilidad de trasmisión, pero algo más hizo y hace que esa posibilidad salte a la vista de terceros: la realización de talleres/laboratorios no PARA otros, sino CON otros.

De pronto, ya estaba en algunos lugares con colegas y sus fuertes ganas de trasmisión. Compartiendo experiencias, relatos, material seleccionable.

Y caminando hacia otra comunidad. Experiencias que llevan años, que se suceden en diferentes lugares del mapa y que cada vez son únicas, nuevas.

Creo que me es posible confirmar que el silencio es una llave, un nudo, un ombligo, clave musical en mi hacer. Con el silencio se surcan espacios, así como se hace lugar al vacío.

Un posible encuentro

En las ciudades, la clase media está acostumbrada al consumo de cursos, recepción de saberes y costumbres. ¿Cómo acercarnos a este nuevo colectivo que no ha demandado ningún curso, que ha sido elegido, por ejemplo, para una experiencia piloto?

El diseño de la actividad tiene que ser abierto y, a la vez, contundente.

Llevo en los bolsos hojas, lápices, biromes[2], libros, revistas, artículos.

Escuchar. Escuchar esos espacios de silencio, de aceptación y exploración del vacío: canales de una práctica que conectan, generan vínculos más hondos y dan otro volumen/dimensión a lo que ocurre.

Preguntar al otro/a es válido, pero si todo el tiempo ponemos por delante la pregunta, surge desconfianza.

Pensemos que durante todos estos años de colonización cultural han llegado de y a diferentes rincones del mundo personas (con las mejores intenciones muchas de ellas) y que, otra vez, en el mismo grupo, se repite la secuencia, la misma pregunta:

Este alguien que irrumpe, ¿qué pretenderá imponer?

Compartiremos un tiempo breve en lo cronológico (el taller de lectura y escritura, el espacio en donde promoveremos la revuelta) y que, a la vez, puede resultar largo, continuo. Porque sabemos que una palabra puede quedar grabada en nuestra memoria para siempre.

Con esos vaivenes, esas ondulaciones, se inicia el trabajo.

Voy, así, a un lugar que no conozco a proponer un nuevo lugar... ¿Nuevas fronteras?

Y, cada vez, se plantea (planea) el encuentro como nuevo, como primera, única ocasión.

No puedo llegar a una cárcel el primer día con libros solo de poesía, o cuentos fantásticos, o... ¿tengo que llevar algún texto de fútbol, algunas letras de canciones...?

Ir explorando, a medida que leo, qué les despierta más interés. La selección es un punto inaugural del hacer.

---

2. Palabra argentina para denominar el bolígrafo.

Antes de desplazarme el tiempo es uno.

A mi llegada el tiempo es compartido y la comunidad irá definiendo el recorrido.

Algo te identifica...

Algo te identifica con el que se aleja de ti, y es la facultad común de volver: de ahí tu más grande pesadumbre.

Algo te separa del que se queda contigo, y es la esclavitud común de partir: de ahí tus más nimios regocijos.

Me dirijo, en esta forma, a las individualidades colectivas, tanto como a las colectividades individuales y a los que, entre unas y otras, yacen marchando al son de las fronteras o, simplemente, marcan el paso inmóvil en el borde del mundo.

....

¡Alejarse! ¡Quedarse! ¡Volver! ¡Partir! Toda la mecánica social cabe en estas palabras.

César Vallejo.

A continuación, se desarrollará una crónica de algunas acciones concretas, en determinados espacios.

Buscaré en las próximas páginas dirigir la mirada al diálogo entre los textos ofrecidos a modo de llave; no se trata de obtener una producción o resultado.

Una suerte de rayuela me fue guiando entre los distintos grupos.

Hay en este narrar el riesgo, la dificultad que los mediadores, arteducadores, tan bien conocemos de revivir experiencias; estas suceden «en el estar ahí» donde se producen avances y retrocesos y nuevos avances.

1. En la cárcel con menores. Lugares de encierro

Entrar a una cárcel.

Una mujer con libros, libre, entrando a una cárcel.

Cárcel: la dureza de esa palabra, la crueldad de su significación. A veces los programas oficiales intentan lavar esa dureza. Los llaman «contextos de encierro». Como si así pudiéramos sentir aligerada esa opresión de las rejas, las reglas. El clima de castigo: de falta de libertad.

Explicar el porqué de esta entrada y aceptar/soportar las normativas (en este caso: sacar el documento de identidad, revisión de las pertenencias, búsqueda del oficial que te lleva al espacio donde se realizará el trabajo).

Algunas cárceles tienen bibliotecas, pero todas, sobre todo, tienen cerrojos.

Entonces, es mejor llevar en la mochila el material que se piensa compartir con el grupo.

La definición de grupo también varía con las reglas propias del sistema. A veces participarán todos los del grupo, otras, muchos menos: es que uno puede tener una cita con el juzgado y no se le ha avisado previamente al joven; otro puede ser que vaya al hospital, o algunos se han quedado dormidos.

En las cárceles, en estos lugares de encierro, es raro encontrar jóvenes de clase media o alta, y esto porque tienen más acceso a abogados y también porque quienes juzgan tienen también sus prejuicios de clase. Entonces, la mayoría son jóvenes nacidos en villas miserias, suburbios, periferias. Esto hace que las carencias sean de determinada índole: de nutrición, de alfabetización, del habla. El uso de un bagaje escaso de palabras, una desvalorización de la lectura como algo que corresponde a «los débiles». Por lo general no hay libros donde se vive. Porque, así como donde hay un padre empresario es probable que se reproduzca algún hijo empresario; o de padres profesionales, los hijos profesionales; en las villas miserias, favelas, periferias, fluye, también, la herencia cultural. Y por supuesto que hay las llamadas excepciones, esas zonas de las fronteras sociales que se vuelven borrosas, lábiles, como para justificar la utopía de la movilidad social.

El libro en tanto objeto presente acompañó escasamente los momentos de sus vidas. Entonces, entrar a ese espacio, a ese tiempo que tendremos para compartir, implica entrar a otro territorio donde tendremos que (como siempre, pero aún más) llegar a consensuar, a conocernos, a establecer un vínculo con un código que se irá generando.

¿Qué realizaremos en esta situación donde, para mi propia mirada, soy: dinamizadora, mediadora, guía, impulsora, artista? Para las otras miradas: maestra, con las connotaciones de dicha palabra en estos espacios, es decir, poseedora de un saber inútil. Para ellos soy una maestra, me ven así, me ubican en ese espacio de su territorio sin libertad. Trataré de ser alguna cosa más.

Retazos

1.1 Una batalla de palabras

En principio, lo primero que percibí fue que el grupo no era lo que llamamos técnicamente un grupo. Muchos de sus integrantes no se habían dirigido la palabra antes de este momento. Otros, habían tenido peleas previas, pero, a la hora de irrumpir una persona de afuera, el grupo se apuró, se compactó y las miradas se unieron.

Podemos decir que mi llegada propició, en principio, la constitución de un grupo. Fue un buen paso.

Mientras llegaban, fui colocando los libros como en un ritual, sobre la mesa.

Me sometí a sus miradas. Dejé que me vieran, mientras preparaba el material que daba cuenta de mi presencia allí: venía a ofrecerles lecturas y la posibilidad de escribir, de narrar, poetizar juntos.

Todavía nadie mira hacia la mesa; todavía no ven a Gelman, Pizarnik, Fontanarrosa, Rulfo, Gallardo, Blajaquis, Berger...

Los jóvenes saben que detrás de la puerta está el oficial, el guardia de cárceles; saben, por ejemplo, que si hacen ciertos gestos o si me agreden físicamente tendrán una sanción. Es un espacio severamente acotado. La tensión se respira en el ambiente. Hay que disolverla y poner la energía en lo que nos es posible compartir. Ese es el rumbo que elijo en esta porción de mundo.

Nuestro primer punto de contacto fue, en este caso, la batalla de palabras *(cada uno va a decir palabras del mismo campo semántico, del mismo conjunto. Se empieza con palabras y luego pueden ser frases. Por ejemplo: A dice carne y B dice pollo. Otro ejemplo: uno dice «ayer llovió en la noche»; el otro dice «comí en la cena fideos» (acciones que se hicieron durante el mismo día).* Si surgen agresiones verbales, estas se pueden comentar y ahí están las pruebas, el intento y el hasta dónde.

Les muestro en el celular algunas de esas batallas cotidianas.

Les da curiosidad y probamos «el despreciar» de ese modo.

También con *poéticas rimadas.*

A más palabras, ¿mejor batalla?

Intento aumentar el campo de batalla, el campo del lenguaje y buscar estirarlo.

Aparece la primera nube semántica en común. Las palabras que insisten son: *puta, culo, madre, pan, boludo, zapatillas, mina, piba, guacho...*

Pese a los barrotes, la revuelta de palabras ha comenzado a liberarse.

1.2 PALABRAS PARECIDAS

Llego y leo en voz alta *Villas* de Camilo Blajaquis:

> *Familias numerosas, o mejor dicho madres solteras con muchos hijos.*
>
> *Los cascotes que inventan caminos así el barro no te muerde los tobillos.*
>
> *Pilones de basura por acá y por allá. Esqueletos de autos robados ya desmantelados, saqueados y prendidos fuego. El sonido de un disparo en una esquina, diez disparos de respuesta en otra.*
>
> *Charlas de vecinas a través del alambrado mientras cuelgan la ropa en la soga: «Che te enteraste que lo mataron a fulano». «Sí, y que a mengano le reventaron el rancho en la madrugada». La policía y sus cacerías.*
>
> *La iniciación sexual bien temprana, los guachos, las pibas.*
>
> *El comedor que se redujo a tan solo una merienda por día.*
>
> *Los que se van a trabajar con sus bolsitos y sus bicis y sus ojos tristes y cansados.*
>
> *La mayoría de la juventud que abandona la escuela sabiendo que San Martín lo único que hizo fue posar para el billete de cinco pesos.*
>
> *Las madres que lloran la muerte del hijo en velorios propios y ajenos.*

Más patadas que gambetas en el campeonato de fútbol, los domingos a la tarde. El aire intoxicado por el porro cortado que está vendiendo hoy la transa. Los evangelistas y sus gritos. Los perros persiguiendo las motos.

El guiso salvador del mediodía, el mismo guiso a la noche, lo que queda del guiso mañana.

Uno con las últimas Nike al frente, dos acá a la vuelta, diez en el fondo.

El micro que recorre los penales lleno de novias, de hijos, de madres y padres. La cumbia poniéndole ritmo a la miseria. El amanecer y los carros. El amanecer y los que todavía siguen de gira.

Los muchos sueldos flacos destinados a un celular, a ropa nueva, a disfrazar la pobreza. Maradonas que mató la policía, que están en cana o laburando en una fábrica y que derrochan su magia pero en canchita de barro.

La avenida y su frontera que divide a la villa del mundo. Rezos que ruegan exiliarse a la sociedad.

El sonido anestesiante de la lluvia maltratando las chapas. Los extranjeros de la clase media que vienen a comprar droga y se van descalzos, sin plata, pero con droga.

Las velas derritiéndose en los mini-santuarios con las fotos de los pibes que murieron a manos de las balas, paredes que recuerdan sus hazañas.

Mujeres que modelan ante la pandilla, amor inconsciente pero puro, niños que se convierten en padres.

La religión de odiar a la yuta y dos de sus devotos a bordo de un súper auto seguramente robado.

Habitantes que se conocen todos, secretos que saben todos, engaños imposibles de ocultar.

Panorama de vida que siempre tiene olor a celda, a plomo, a trabajo en negro o en gris… o a traje de encargado de limpieza.

Es la villa, es otro mundo, es vivir apartado.

Empiezan a surgir preguntas sobre lo leído. Especialmente, quién lo escribió. Compartimos datos sobre el autor de ese texto. Pensé que lo conocerían, que alguien les habría contado de él. Camilo es de la Villa Carlos Gardel.

Contextualizo: hablo del autor y les alcanzo lo que dice en otros formatos.

Leo en voz alta lo que dijo Camilo en una entrevista: «*Los discursos siempre son mucho más fáciles que las prácticas, tener un discurso progresista, de Derechos Humanos, es fácil, pero es muy difícil llevarlo a la práctica, y se cae cuando nos cruzamos de vereda porque vemos que vienen dos morochos de gorrita. Yo también tengo miedo si estoy solo en una estación a la una de la mañana, porque estoy atravesado por la lógica de esta sociedad que dice que hay que tenerle miedo a alguien, y ese alguien hoy es el pibe chorro, el morocho, un otro, un enemigo*».

Presentado el texto y el autor, comienzo a tender el puente para que ellos se apropien de lo leído. Les pido que vuelvan al texto (cada uno tiene una copia) y que marquen las palabras que prefieran de allí.

Me ofrezco como ejemplo, les cuento cuáles son las palabras que me gustan a mí. A partir de este compromiso personal, les ofrezco que se animen a hacerlo ellos. Dado que las palabras están en todas partes y son, muchas veces, el carozo[3], las podemos guardar un rato largo en la boca.

¿Y si pensamos la escritura como una caja de sorpresas de donde salen una y otra y otra…?

---

3. En Argentina, nombre que se da al hueso de algunas frutas.

Hay palabras dulces y amargas. Vamos a escribirlas, a poner «aquí» las dulces y «aquí» las amargas. Poco a poco, palabra por palabra, en un momento previo a la irrupción textual, cada uno va armando su propia, personal, lista. No ya de insultos. La otra palabra, la que estaba haciendo falta, empieza a asomar, tímidamente.

1.3. OTRO PASO MÁS: LAS PALABRAS COMO TATUAJE

El vínculo comienza a construirse. Es el tercer encuentro y se percibe que el grupo confía en mi rol de coordinadora, de *agente de la revuelta* que vengo a proponer. Decido dar un paso más, y me arriesgo cuando digo: «Hoy vamos a escribir metáforas y metonimias». Estas palabras nos hacen reír. Les cuento de qué se trata. Luego de una breve explicación, se trata de pasar por el cuerpo esa propuesta de englobar palabras y sus posibles significaciones, más allá de lo plano y lo obvio.

En el piso, con una tiza, hago una cruz que termino en flechas.

Digo «zapatillas» y que cada uno diga una palabra que crea relacionada con zapatilla, sea lógica o no: *pies, cordones, medias, goma, patada, agua, barro, zanja, lluvia, fútbol, pelota, vuelo*. Vamos escribiéndolas en el piso. Antes discutimos respecto de dónde las ubicaremos, en qué sector de la cruz que tracé.

Ubico algunas en el eje vertical: las metáforas. Las metonimias, las del mismo conjunto, en horizontal.

Durante varios minutos decimos palabras. Por momentos nos interrumpimos. Por otros hay silencio, un silencio ensimismado: cada uno busca la palabra que quiere escribir con tiza. A veces nos reímos, pero también aparecen evocaciones que nos dejan introspectivos. Al buscar las propias palabras están haciendo un inventario, un poco en juego de su caudal lingüístico.

Se quedan mirando la ubicación de sus palabras en los ejes del lenguaje. Siempre es hermoso ver lo que escribimos. Y mucho más cuando lo hacemos en un piso por el que caminamos sin libertad. Así, las palabras desarrolladas a partir del juego, le dan un sentido diferente al piso del encierro.

Les digo que no se preocupen por recordarlas, que las palabras se van a ir incorporando con los encuentros como tatuajes. Intuyo que no las van a olvidar.

Palabras.

Tatuajes.

1.4. LAS PALABRAS COMO CADENA QUE SE SUELTA

Durante el cuarto encuentro seguimos leyendo: se vuelven horas de lectura.

> *Nuestros cuerpos se comprenden cada vez más tristemente, pero yo amo esta*
> *púrpura desolada.*
> *Ah la flor negra de los dormitorios, ah las pastillas del amanecer.*
> *Y empieza el baile, la fiesta.*
> Antonio Gamoneda.

No sólo están los textos de los otros, los autores consagrados a quienes les dedicamos un rato de lectura.

También están las hojas dispersas en la mesa, hojas blancas que acompañan a los libros.

Tímidamente, alguno apunta algo, algo de eso leído, para decirle a su chica que lo espera fuera del «centro». El puente se va construyendo. Quizás esos jóvenes encuentran en esos libros las palabras para lo que quieren y no pueden decir.

> *«Los temas que nos envuelven en la vida siempre son los mismos»*, digo.
> *«El amor, la muerte, el paso del tiempo.»*

Y las voces agregan: «usar el chumbo, conseguir droga, venderla, usarla. Estar tirado en la cama mirando una serie con tu mina. La *guita.*»

Les digo que allí, en lo que nombran, están el amor, la muerte, el paso del tiempo.

A dice: Vender droga es amar.

B: Y es también morir.

C: Es tener la plata, la vida.

Los entrenamientos que se plantean van dirigidos a entrenar con el lenguaje, a perderle el miedo.

Si escribo «flor» puedo decir «bonita», pero también puedo decir: «flor negra».

Otras cuestiones aparecen para cada uno; esa flor negra lleva a otras referencias.

De cada palabra, otras.

1.5. TRÁNSITO

Después de semanas y su transitar —llegar en el tren, el primer cerrojo, pasar, esperar, otros cerrojos, esperar, entrar— hasta encontrarse con el grupo, leer, conversar, escribir, comienza a volverse «común».

Lluvia

hoy llueve mucho, mucho,
y pareciera que están lavando el mundo
mi vecino de al lado mira la lluvia
y piensa escribir una carta de amor/
una carta a la mujer que vive con él
y le cocina y le lava la ropa y hace el amor con él
y se parece a su sombra/
mi vecino nunca le dice palabras de amor a la
mujer/

entra a la casa por la ventana y no por la puerta/
por una puerta se entra a muchos sitios/
al trabajo, al cuartel, a la cárcel,
a todos los edificios del mundo/ pero no al mundo/
ni a una mujer/ni al alma/
es decir/a ese cajón o nave o lluvia que llamamos así/
como hoy/que llueve mucho/
y me cuesta escribir la palabra amor/
porque el amor es una cosa y la palabra amor es otra cosa/
y sólo el alma sabe dónde las dos se encuentran/
y cuándo/y cómo/
pero el alma qué puede explicar/
por eso mi vecino tiene tormentas en la boca/
palabras que naufragan/
palabras que no saben que hay sol porque nacen y
mueren la misma noche en que amó/
y dejan cartas en el pensamiento que él nunca
escribirá/
como el silencio que hay entre dos rosas/
o como yo/que escribo palabras para volver
a mi vecino que mira la lluvia/
a la lluvia/
a mi corazón desterrado/
Juan Gelman.

Nuevas preguntas, nuevos miedos, palabras desconocidas que queremos buscar en el diccionario o por internet, quizás separar cada frase y volver a preguntarnos. Hasta poder conversar, inventar sobre lo que nos quiere decir cada poeta.

En la poesía el signo se quiebra. Se quiebra el instrumentalismo.
La poesía es el lugar emblemático de la dificultad. La poesía es un
cuestionamiento del comprender. Henri Meschonnic.

Cada día de taller hacemos nuevas lecturas, algunas en voz alta; otras de modo personal, silencioso.

¿Es que alguien, hace años, pudo padecer mis mismas quejas, los temores de la noche?

1.6 LOS LIBROS SE ABREN, SE MUEVEN

Sobreviene un encuentro, un momento de dicha cuando esos libros, antes quietos en la mesa —inertes— comienzan a moverse cómodos entre nosotros. Ya saben que no vengo sola: vengo con los libros. Esperan que los despliegue, se ha vuelto un ritual, una costumbre, ya no resulta extraño.

Cada uno busca el suyo, el que tiene ganas de leer o releer.

Alguien dice:

—Laura —me toca el hombro con suavidad para que le preste más atención. Me regala un poema que le gusta:

Hacer un agujero
a través de
una piedra
hilvanarla
llevarla colgada
anuncia inmortalidad
la piedra puede ser
lenguaje
el agujero, poesía.
John Berger.

Trato de tener presente: no atacar con preguntas del tipo, *pero qué te gustó, qué te llamó la atención.*

Silencio.

No llenar de frases huecas ese momento dichoso donde alguien descubrió que las palabras le hablan, le tocan, las quiere compartir.

En los encuentros en los que la mesa de libros se desordena, y los jóvenes distendidos, introspectivos, hojean los libros que traigo, la revuelta está en camino.

1.7. Perder el miedo. Leer y escribir lo que uno quiere

A partir de este momento, los siguientes encuentros se proponen como más distendidos y libres. Los libros no quedan intactos en la mesa que despliego: circulan, giramos sus páginas. Ya existe la costumbre de encontrar en ellos algún tesoro, alguna significación que se comparte en voz alta en el grupo. Ya se escribió en el piso, ya se empezaron a usar las hojas en blanco.

Rodeados de libros, empezamos a escribir… quizás una frase de otro escritor, alguna frase de canción recordada, algo de lo dicho, pero siempre aparece lo propio: el ritmo, la respiración.

Ya no se escribe solamente: *Extraño a mi mina. Ella se fue con otro guacho.*

Encontramos palabras que nos dejan jugar con el lenguaje y que también nos divierten. En los microrrelatos aparece el humor como en estos *Crímenes ejemplares* de Max Aub:

> *Lo que importa es conseguir y tener paz entre los hombres. Si para lograrlo hay que llegar a esto (e hizo un gesto que abarcaba toda la plaza), ¡qué le vamos a hacer!*
> *Lo maté en sueños y luego no pude hacer nada hasta que lo despaché de verdad. Sin remedio.*

La ironía, pero también la ternura, en un cuento de Javier Villafañe:

La cucaracha

Una vez había un hombre que vivía solo. Era periodista. Trabajaba en un diario desde las seis de la mañana hasta la medianoche. Cuando terminaba de trabajar salía del diario; caminaba unas cuadras; comía en un restaurante y después iba a un bar a tomar cerveza. Al amanecer regresaba a su casa. En su casa –era un pequeño departamento– no tenía un solo mueble; ni cama tenía, ni una silla en que sentarse. Había unos clavos en la pared en donde colgaba el saco, el pantalón y la camisa. Dormía en el suelo. En invierno o cuando hacía frío se envolvía en una frazada.

Le gustaba tomar cerveza. Todo el día tomaba cerveza: a la mañana, a la tarde, a la noche. Siempre llegaba a su casa con dos o tres botellas de cerveza.

Una madrugada, cuando se acostó en el suelo para dormir, vio a una cucaracha que salía de un agujero del zócalo. La vio caminar, detenerse y acostarse cerca de su cabeza.

Esto pasó varias veces. Una vez, cuando la cucaracha salía del agujero del zócalo, tomó la tapa de una botella de cerveza y la puso a su lado, y allí se acostó la cucaracha.

Al día siguiente el hombre llegó más temprano a su casa. Traía un poco de algodón: lo desmenuzó y le hizo una cama en la tapa de la botella de cerveza para que durmiera la cucaracha.

El hombre se acostó como siempre en el suelo. Vio salir a la cucaracha del agujero del zócalo: caminar y subir para acostarse en la cama que le había hecho en la tapa de la botella de cerveza. Al otro día el hombre fue a trabajar. Estaba muy contento. Salió del diario. Iba silbando por la calle. Llegó al restaurante, comió, y después fue al bar a tomar cerveza. Se encontró con un amigo y le dijo:

—Ya no estoy solo. Cuando me acuesto, una cucaracha sale de un agujero del zócalo y viene a dormir a mi lado.

El amigo se rió.
—¿Cómo sabés que es la misma cucaracha? —le preguntó—. Tu casa debe estar llena de cucarachas.
—No, la conozco. Es la misma —respondió el hombre.
—¿Serías capaz de hacer una prueba?
—Sí. ¿Qué hago?
—Le arrancás una pata a la cucaracha. La dejás renga. Y si al día siguiente ves a una cucaracha renga que viene a dormir a tu lado, es entonces la misma cucaracha.

El hombre llegó a su casa. Se desvistió. Colgó en los clavos el saco, el pantalón y la camisa. Se acostó. La cucaracha salió del agujero del zócalo. Caminó y cuando iba a subir a la cama para acostarse, el hombre tomó a la cucaracha con el pulgar y el índice de la mano izquierda, y con el pulgar y el índice de la mano derecha, le quebró una pata y se la arrancó. Tiró la pata y puso a la cucaracha en su cama.

La cucaracha durmió: pero el hombre no pudo dormir. Vio el sol, la mañana. Él, tendido en el suelo, y la cucaracha a su lado dormida. Después la vio despertar, caminar renga y meterse en el agujero del zócalo.

El hombre se levantó, se vistió y salió. Ese día tomó mucha cerveza. Llegó al diario a las seis y media. Trabajó hasta después de medianoche. Fue al restaurante; comió. Fue al bar. Llegó a su casa. Se acostó. Vio salir a una cucaracha renga del agujero del zócalo. La vio llegar, subir y acostarse en la cama de algodón que él le había hecho en la tapa de una botella de cerveza.

Es la misma —se dijo el hombre—. Yo sabía que no estaba solo.
Pero no pudo dormir. Vio el sol, la mañana. Vio cuando se desper-
tó la cucaracha. La vio caminar renga y meterse en el agujero del
zócalo.
A la madrugada siguiente volvió la cucaracha. Llegó caminando
lentamente y se acostó al lado del hombre.

El hombre no podía dormir. Miraba dormir a la cucaracha. Es-
taba desnudo, sentado en el suelo, tomando cerveza. Tomó una
botella, dos, tres botellas de cerveza. Sintió el sol en los ojos, la
mañana.

La cucaracha se despertó. Bajó de la cama. Caminaba arrastrán-
dose y se metió en el agujero del zócalo.

Y no volvió nunca más.

De pronto estoy revolviendo en mi cartera, busco la botellita
de agua.

F. ahora me toca el hombro:

— Laura, ¿me pasás el de Cortázar?

Entramos a esa *frontera indómita*, a ese otro lugar donde todo,
es más.
El tiempo de la actividad se termina.
Me voy pensando: yo salgo, ellos se quedan dentro.
Mis libros se van, los de la biblioteca del penal siguen con llave…
Vuelvo la mirada: no les había leído el texto de Jim Jarmusch en
Reglas de oro. Lo releo en el tren.
Hubiese querido leerles este otro significado de robo, esta otra
manera de robar.

Pero vacilé y, finalmente, no lo leí.

Nada es original. Roben de donde sea que resuene con inspiración o alimente su imaginación. Devoren películas viejas, películas nuevas, música, libros, pinturas, fotografías, sueños, conversaciones casuales, arquitectura, puentes, carteles callejeros, árboles, nubes, ríos, luces y sombras.

Elijan para robar solo cosas que les hablen directamente al alma. Si lo hacen, su trabajo y robo, serán auténticos.

La autenticidad es invaluable; la originalidad es inexistente.

Y no se preocupen por ocultar el robo, celébrenlo si tienen ganas. De cualquier manera, recuerden siempre lo que dijo Jean-Luc Godard: «No se trata de dónde tomes las cosas, se trata de adónde las lleves».

¿Es un hablar del robo destinado a quiénes?, ¿a determinados grupos de clase media? ¿Qué dirían los jóvenes encerrados de esta definición?

2. En comunidades indígenas

En relación a este taller, consideré relevante transcribir sólo el primer encuentro. Luego vinieron una serie de reuniones en donde se pudo cubrir la demanda inicial. Se trataba de una comunidad atravesada por múltiples carencias, que solicitaba ayuda y orientación para organizar una biblioteca en su espacio comunitario.

Y aquí, cuando decimos «biblioteca» nos referimos a un espacio que, además de contener numerosos libros, sea un espacio para leer/escribir/conversar/escucharnos/participar, y, si bien cada una de estas palabras implica una acción en sí misma, es a la vez una, como ese juego de definición que hace el escritor Lezama Lima al decir que la poesía es «un caracol nocturno,/un rectángulo de agua». Y busca, en un movimiento surrealista, decir sobre las cosas que no se permiten agarrar, fijar, sino que están siempre esquivando el control de una definición congelada. Entonces agrega: «definir es cenizar».

✳✳✳

Había viajado horas, desde la ciudad en la que estaba viviendo, hasta esta comunidad. El paisaje se modificaba, entre las voces de los pájaros y el río. El viento parecía mover los árboles y las ideas. Dejo que el paisaje cobre protagonismo en mis percepciones.

Sabían los miembros de la comunidad que ese día «vendría una señorita a compartir cosas». Un grupo me estaba esperando.

Yo había llegado con dos bolsos repletos de libros y quería abrir el espacio que, sin embargo, ya estaba abierto de múltiples formas.

Allí, juntos, fabricaríamos, inventaríamos, el lugar para el encuentro. Comenzamos a conocernos.

Juntamos sillas, las disponemos en círculo. En el medio, con una tabla, improvisamos una mesa. Repito el ritual de acomodar los libros. Despliego, de manera casual, los libros sobre el tablón que se expone a sus miradas.

Me limito a abrir, dejar a la luz lo que traje adentro de mis bolsos.

***

Cada encuentro, si bien implica un continuar, es único, aunque creo que el primero puede mostrarnos el rumbo. Llevo anotaciones respecto de cómo organizar este ciclo. Busco reunir mis experiencias en una serie de apuntes.

Habitualmente, no fijo un límite a la primera reunión. Es lo que acontece, lo que vamos haciendo, lo que marca al tiempo.

Cuento que me gusta mucho leer, escribir, escuchar historias y narrarlas. Que vengo a compartir lo que me gusta y, como me habían dicho que querían tener una biblioteca para los chicos, yo me había preguntado si no les gustaría también tener nuevos libros para los adultos.

Después de unos instantes de silencio, en donde comienzo a sentirme distendida, vamos a la actividad en sí.

Y surge la pregunta de si pueden acercarse a los libros, mirarlos.

Considero que explorar los libros libremente, sumergirnos en ellos al leer, nos abre un universo de posibilidades. Y la reunión con la gente de la comunidad, compartir información, sugerencias, responsabilidades y hacer lecturas conjuntas es, a la vez que comienzo, continuidad de un proceder vital-activo.

Algunos se van acercando a la mesa, otros esperan a que les alcancemos algún libro.

Busco *Tejido con lana crudo,* libro de Liliana Ancalao. Leo el poema suyo en voz alta:

yo he visto a los chulengos

yo he visto a los chulengos en manada
iluminados por la luna
cuando aparecen ellos
el invierno se entrega
cubierto de pelusas y de lana
he visto el aire estremecido entre sus ancas tibias
y a la libertad y a la ternura
galopando con ellos
sueltas
por la tierra

he visto creo
más de lo que merezco:
he visto a los chulengos desde lejos

yo presiento que he de andar más todavía
quién sabe cuánto
hasta vencer el miedo de acercarme hasta ellos

para medirme en sus ojos tan profundos de espacio
y aceptar el milagro de un silencio de nieve
que desprenda la costra los últimos abrojos

si resisto es posible que me permitan ellos
sumergirme en sus ojos ingenuos infinitos
estaquearme un instante
en el centro del tiempo

ser la libertad ser la ternura
galopando con ellos
sueltos
por la tierra

De esta manera —apelando a un texto que intuía podría gustar-les, en principio porque me gusta mucho, y cada vez que elijo algo para leer y compartir es porque me significa, pensé que les resulta-ría significativo—, llevé adelante la primera ronda de lecturas. Mi voz era un nexo entre esta comunidad y los libros.

Había llevado varias copias del texto que leí en voz alta. Las repartí.

No todos sabían leer «de corrido», por lo que otros les leían, comentaban.

Una comunidad sabe perfectamente cómo queda marginada al no tener acceso a la palabra escrita.

Fuimos teniendo nuestro tiempo/espacio de intimidad.

Propuse que leyeran o dijeran poemas o relatos que recordaran.

Esa vez me quedé hasta muy tarde.

La unión había surgido. En los encuentros posteriores daría-mos forma entre todos al pedido/deseo comunitario.

3. Taller con un grupo de mujeres inmigrantes (la mayoría eran mujeres de Bolivia en Argentina entre 20 y 60 años)

Por más que mis talleres de lectura y escritura tengan que ver con el hacer ficcional y literario, el solo acto de visualizar con claridad que queremos otorgar un espacio a la palabra, provoca un efecto vital de empoderamiento. Apenas se abre el espacio, se provoca un ir y venir de palabras dotadas de significación profunda, polisémica.

Es importante ser claros en esto: los espacios de taller de promoción a la lectura no son un espacio de psicoterapia ni de catarsis. Pero, por supuesto, hay que incluir aquello que cada uno de los participantes del grupo tiene para decir, si así lo requieren.

El taller con mujeres inmigrantes, provenientes de países limítrofes, fue un gran desafío. Comparto los aspectos más relevantes de estos encuentros, que me interpelaron y pusieron en jaque mis interrogantes y convicciones.

Las participantes habían llegado de su país buscando condiciones más favorables y, sin embargo, las situaciones de opresión se repiten.

Han ido consiguiendo trabajos informales, que refuerzan su extranjería, su marginalidad (trabajos temporales, limpiar casas por hora, coser y coser en algún taller textil semi-clandestino...).

De repente, uno de esos programas extraños que saca cada tanto el Estado, recordando la existencia de situaciones y comunidades, hace que nos encontremos, que nos «reconozcamos» en un hacer conjunto.

Como si el Estado, por épocas, por momentos, se sintiera responsable del dolor de su pueblo y buscara mitigarlo desde alguna de sus múltiples aristas; y así, destina cada tanto un lote presupuestario para solventar y organizar estos talleres. De esta manera se convoca a mediadores, arteducadores, antropólogos, sociólogos que encuentran formas, cada vez, de ir tendiendo puentes y estrechando lazos, cada uno en su campo experiencial.

En esta oportunidad, sentados en círculo en un aula, comenzamos a conversar.

Luego de presentarnos, les propongo que intentemos recordar algún momento de la infancia significativo, alguna anécdota, también cuando nos contaban un cuento. Recuperar y poner en presente retazos de la autobiografía, la parte de los relatos que perduran de la niñez, esas situaciones tan importantes, a veces olvidadas.

Una de las participantes toma la palabra: cuenta cuando su abuela le dijo que se mudarían a otra casa (las constantes migraciones): ella ayudaría haciendo esas tortillas que había aprendido. Al llegar a la nueva casa, la envolvió un olor a jazmines del aire. Para ella ese es un hermoso recuerdo. Remarca que cuando está triste, trata de recordar ese perfume.

Se produce un silencio emotivo. Las integrantes del grupo están ensimismadas, revisando sus propios recuerdos. El ritmo de nuestros movimientos y del habla, se vuelve lento, pausado.

Cuando llega el turno de otra compañera, llora.

Un largo silencio rodea el espacio. Silencio cargado de intensa significación.

Esperar, esperar, emitir una palabra o un gesto. Trato de decidir en qué momento romper ese silencio que se produjo.

Pruebo con el cuerpo.

Acerco mi mano, pero la mujer que llora la retira. Es un gesto sencillo, desnudo de hostilidad. Parece decir: «Dejame sola con esto, ya se me va a pasar.»

El grupo sostiene con el silencio eso que ocurre.

Un hilo de voz aparece.

Apenas se oye:

Me violaron hace un mes. En la fábrica. Muchas aquí ya saben.

Mantengo el silencio hasta que otra mujer me pide que les lea algo, o que les cuente.

¿Qué quieren escuchar ellas? Si puede ser, algo que las haga olvidar, que las saque del recuerdo.

Aparece la urgencia de la narración. En esta instancia, como abrigo y compañía.

Estremecida, me demoro buscando entre los libros y en mi memoria qué leer.

A diferencia de lo que sucede en otros encuentros, y después de compartir la narración, comienzo a sacar los libros de las bolsas.

Se acercan, preguntan si voy a volver. Si cada una podría llevarse un libro y traerlo la próxima vez.

Cada una toma un libro y se va.

Me quedo un rato más, sentada, en silencio.

4. Taller con un grupo de madres de escuela, en su mayoría inmigrantes de Paraguay en Argentina

4.1 Hablan castellano y, la mayoría, entre ellas guaraní. Yo no manejo ese idioma. Pero me es cercano, mi familia viene del Chaco y hace región con Paraguay, hay una tonada en común.

Es muy temprano cuando llego a la escuela donde llevaremos a cabo el encuentro.

En nuestro lugar de reunión las sillas son bajas, sillas que pertenecen a las edades más tempranas. Sentarnos ahí nos vuelve niñas por un rato.

Mientras nos sentamos, sonreímos y nos miramos cómplices.

—Parece que las mujeres siempre estamos en un lugar más bajito— dice A.

Se produce un silencio con sonrisas.

Nos presentamos diciendo nuestro nombre y una palabra para acompañarlo.

Como he dejado al llegar los libros sobre una mesa, se acercan, los llevan a sus sillitas. Tener el idioma en común, ese lugar en donde quedo afuera, parece darles una fuerza que les permite, las autoriza a moverse con libertad. Respeto eso y trato que pueda ser encauzado a favor del encuentro.

Había dejado también libros de literatura infantil. Se acercan y dan vueltas sus páginas. Dicen que los miran mientras tratan de adivinar cuáles preferirían sus hijos.

Comentan que no tienen libros en las casas y que esos libros son muy caros. Por momentos, una empieza una frase que termina otra de ellas. Se esfuerzan en mostrar que están unidas.

Cuento sobre las experiencias de editoriales que componen sus libros con material reciclado, por ejemplo, la editorial *Eloísa cartonera*.

— *¿Y si construimos entre todas libros para nuestros hijos?*
— *Sí, podemos ir contando historias y las ilustramos.*

Entusiasmadas por las propuestas que han surgido del colectivo, el espacio-tiempo de taller toma un rumbo determinado: Se tratará de encuentros enfocados en la construcción de relatos y objetos-libros. Formamos grupos: las que saben dibujar, las que quieren contar historias, las que quieren experimentar con los materiales (cartón, tela, etc.).

Surge la propuesta de que sean libros en los dos idiomas. Bilingües.

Leemos poemas de Susy Delgado:

Peichaitenga'u
Peichaitenga'u
che rekovemi:
tahendaporä
koyvyapeári,
tojajáirei
kuarahyrendýicha,
tojahuyvytúpe..

Ojalá así fuera
Ojalá así fuera
mi pequeña vida:

que estuviera asentada
en un buen lugar
sobre esta tierra,
que brillara
como el fuego del sol
y se bañara en el viento...

Ñati'ü

Ha añe'ëtaröpeëmekoárape che retäre,
añe'ëtapeteïñati'üre,
peteïñati'umi
ipu'akapávahína
ipahañangarekoräre,
ipahaárapytuoïmívarehe,
opytávakoyvytujápe
okuera'ÿhápeakänundu tuja.

Mosquito

Y si tuviera que hablarles hoy de mi país,
les hablaría de un mosquito,
un ñati'ü
que está haciendo estragos
en las últimas defensas,
las últimas hilachas de aire,
que quedan en este viejo territorio
de viejas incuradas fiebres.

4.2 En la segunda reunión, llevo nuevos libros.

Leemos, conversamos, surgen ideas para escribir. Es un ruido, un parloteo creativo, por momentos vertiginoso: parece que
tienen muchas ganas de hablar, entre todas. Por momentos cuesta

organizar lo que se dice, pero no me interpongo ni freno. Dejo que el taller transcurra así, ávido y ruidoso.

Se decide llamar *jatyta* (caracol) a la colección que iremos construyendo.

4.3 En la tercera reunión, se acerca otro grupo de mujeres. Intuyo, comprendo, que la recepción del taller ha sido amplia. Moviliza a sus integrantes, que hablan afuera del mismo. La propuesta de hacer libros se propagó como el agua. Eso despierta curiosidad y atrae a personas que, quizás, sabían desde antes de la existencia del taller pero no habían manifestado interés en participar.

Son otro grupo de mamás, son de la capital.

Las mujeres del grupo primero comienzan a hablar en guaraní. La barrera idiomática surte efecto inmediato: se provoca una diferencia en las palabras y eso genera tensión. Una tensión que quizás refleje el clima social permanente, la puesta en acto de la escena de la migración y la extranjería.

— *Se burlan de nosotras* —dice B, del grupo nuevo. Apelan a mi intervención, buscan que tome alguna decisión.

Parecen decir:

— *Vos trajiste este taller, mirá lo que causó. Hacete cargo.*

Separadas, estos dos grupos, no se dirigen la palabra.
El bullicio de la actividad continúa.

4.4. Mi intervención: hago oír mi voz.

Comienzo la siguiente reunión leyendo el cuento La comunidad, de Franz Kafka:

Somos cinco amigos, hemos salido uno detrás del otro de una casa; el primero salió y se colocó junto a la puerta; luego salió el segundo, o mejor se deslizó tan ligero como una bolita de mercurio, y se situó fuera de la puerta y no muy lejos del primero; luego salió el tercero, el cuarto y, por último, el quinto. Al final formábamos una fila. La gente se fijó en nosotros, nos señalaron y dijeron: «Los cinco acaban de salir de esa casa». Desde aquella vez vivimos juntos. Sería una vida pacífica, si no interfiriera continuamente un sexto. No nos hace nada, pero nos molesta, lo que es suficiente. ¿Por qué quiere meterse donde nadie lo quiere? No lo conocemos y tampoco queremos acogerlo entre nosotros. Si bien es cierto que nosotros cinco tampoco nos conocíamos con anterioridad y, si se quiere, tampoco ahora, lo que es posible y tolerado entre cinco, no es posible ni tolerado en relación con un sexto. Además, somos cinco y no queremos ser seis. Y qué sentido tendría ese continuo estar juntos. Tampoco entre nosotros cinco tiene sentido, pero, bien, ya estamos juntos y así permanecemos, pero no queremos una nueva unión, y precisamente a causa de nuestras experiencias. ¿Cómo se le podría enseñar todo al sexto? Largas explicaciones significarían ya casi una acogida tácita en el grupo. Así, preferimos no aclarar nada y no le acogemos. Si quiere abrir el pico, lo echamos a codazos, pero si insistimos en echarlo, regresa.

Propongo continuar con la actividad. Nos quedan pocas reuniones. Son doce en total y queremos adelantar con los libros.

Dejo que el cuento *La comunidad* resuene. He repartido copias para cada una. Antes de irnos les digo que piensen si creen que existe o no la comunicación.

4.5. Los dos grupos, si bien no terminaron de unirse, fueron trabajando con amabilidad y con algunos intentos de cercanía.

Pudimos leer, terminar la mayoría de libros-objetos con narraciones diversas.

Acordaron entre algunas mujeres que seguirían reuniéndose para completar los libros faltantes y comenzar otros nuevos.

A último momento, decidieron sumar al título de la colección un subtítulo: *La comunicación es un bonito invento.*

La comunidad tenía ahora una colección de cuentos para leer a sus hijos.

La revuelta seguía su camino.

5. Talleres en villas miserias/favelas

5.1. Me han convocado para colaborar con las actividades de la biblioteca. Cómo volverla interesante era su pedido. Me propusieron, para tal efecto, dar un taller de lectura y escritura. Y pensar en conjunto otras posibles actividades. También colaborar en la invención de dispositivos y repensar la biblioteca como espacio comunitario.

En la actividad participan adultos, jóvenes y algunos niños. El trabajo intergeneracional es habitual en estos espacios. (Dado que el desempleo y la deserción escolar son amplios, es que la biblioteca puede surgir como lugar de cobijo.)

Ya desde la presentación, el café, el té, el mate circulan.

Les digo que la palabra es como el mate, circula de mano en mano, de boca en boca.

Como es habitual, comienzo con el acto de armar la mesa de libros. Esta vez pido que se mezcle lo que traigo con aquello que tienen. Saco los libros de mi bolso y les pido que elijan uno que les guste de los estantes de la biblioteca. Lo hayan leído o no, que los elijan por los dibujos, por la tapa, porque sí y los agregamos a los de la mesa.

Se larga a llover.

Les digo que la lluvia me tiene como en dos espacios.

Que estoy con ellos, pero también pienso en cómo me voy a ir.

Les propongo un ejercicio de «conversación» que se usa en algunas novelas y también en películas. Una forma de diálogo que es y no es un diálogo, que implica y no implica una comunicación.

—*O sea, ¿que las cosas son y no son al mismo tiempo?*—dice A.

—*Y sí, como esta biblioteca que es pero no es solamente biblioteca porque también es comedor, lugar donde hacemos las tareas, donde se viene a tejer* —dice B.

Propongo la actividad:

C. hablaría de cómo arreglar el calefón mientras D. le contaría un problema.

Pero C. me replica que prefiere hablar de un auto.

Cada uno elige entonces sobre qué va a hablar, arreglar.

Y el compañero de diálogo inventará su problema.

Les digo que, si pueden escribirlo, mejor. Así luego lo leemos, lo compartimos.

Un ejemplo de dos participantes:

—*Estuve tratando de pintar la casa, encontré una lata cuando cartoneaba.*

—*Estoy pensando en dejar el cole.*

—*Creo que con una lata sola no me va a alcanzar.*

—*Si dejo el cole, podría buscar algún trabajo.*

—*Si consigo una lata blanca, voy a poder suavizar el color.*

—*Pero dónde me tomarían, qué podría hacer.*

—*Los pinceles que tengo están resecos.*

—*Pero no estoy segura si quiero dejar el cole, sí estoy segura que me gustaron esas zapatillas.*

—*¿Si me ayudás a pintar?*

—*Dale.*

Luego de leerlo, hacemos una puesta en común.

En este caso los participantes parecían no escucharse, pero a la vez que estaban con su problema, se estaban oyendo.

Se fue creando una conversación y se pudieron nombrar problemas. Así como yo que, mientras los escuchaba, fui formando un libro-paraguas.

Pregunto: ¿en la ficción acaso hablamos solo de lo conocido?

No deja de llover.

Cuando llueve de esta manera no se puede ni entrar ni salir de la villa.

E. me invita a quedarme a dormir. Acepto.

Me voy a la mañana siguiente.

Por supuesto sigue todo embarrado, pero hay sol.

Volveré en una semana.

5.2 *Toda palabra es una duda,/todo silencio es otra duda./Sin embargo, el enlace de ambas/ nos permite respirar.* Roberto Juarroz.

Llego un rato antes. B. tiene la llave. Abre el espacio de la biblioteca.

Preparamos el mate mientras van llegando los integrantes del taller. Hay algunos nuevos.

Les digo que hoy vamos a leer, que me pueden interrumpir si se pierden o quieren comentar algo. Luego, haremos un micrófono abierto (es decir que cada uno podrá leer lo que elija).

Comienzo con el *Aplastamiento de las gotas* de Julio Cortázar, recordando la lluvia de la semana anterior.

La propuesta del micrófono abierto tuvo buena recepción.

Z. Lee una parte de *El monte era una fiesta* de Gustavo Roldán.

R. Lee *El mundo del revés* de María Elena Walsh.

D. Lee *Un reglamento es un reglamento* de Adela Basch.

Seguimos leyendo. Entrelazamos lecturas y opiniones. Oscurece. Comenzamos a despedirnos hasta la próxima.

5.3 Llegaba siempre un poco antes del comienzo del taller, pero esta vez me demoré. El mate está circulando. La realidad inmediata se muestra, hay un clima tenso, de preocupación. Es importante incluir ese emergente, esa emergencia, en la dinámica del taller. Hubo varios despidos en una fábrica y los jóvenes vienen a reunirse y debatir en la Biblioteca.

Se trata de un tema urgente, una problemática que actúa como un disparador. Buscamos libros con un propósito: conocer los derechos laborales, del inquilino, de los niños.

Usamos la computadora y voy leyendo en voz alta.

Vamos a escribir cartas con nuestra opinión, propone R.

El taller se ha modificado, sufrido un nuevo giro: cada comunidad se apropia de este espacio de una manera que le es particular.

Resolvemos hacer las cartas en forma grupal y que intervengan también los más chicos. Esto nos permitió comentar sobre el género epistolar.

Fue un encuentro intenso, un taller en donde se escribió con un propósito directo: la palabra como lucha, como defensa, como modo de resistir.

Al terminar, J. me acompaña hasta la estación de tren.

Me cuenta que estuvo escribiendo poesía, que le gustaría leérmela y conocer más autores de poesía.

5.4 *«... en un rincón de mí nacerá una planta (...) presiento o deseo que tenga hojas de poesía; o algo que se transforme en poesía si la miran ciertos ojos. Debo cuidar que no ocupe mucho espacio, que no pretenda ser bella o intensa, sino que sea la planta que ella misma esté destinada a ser, y ayudarla a que lo sea.»* Felisberto Hernández.

En este encuentro los invito a escribir cinco palabras que les gusten por el sonido o el significado y cinco que no les gusten.

Las leemos. Sorprende que no haya coincidencias y que algunas de las palabras propuestas nos causen gracia.

A continuación, leemos un poema de Gonzalo Rojas. Comentan que es divertido, que suena bien y revisamos la disposición del poema en las páginas. Vemos cómo muchas veces en la poesía aparece el «entre» una cosa y otra:

Daimon del domingo

Entre la Biblia de Jerusalén y estas moscas que ahora andan ahí volando,
prefiero estas moscas. Por tres razones las prefiero:
1) porque son pútridas y blancas con los ojos azules y lo procrean todo en el aire como riendo,
2) por eso velocísimo de su circunstancia que ya lo sabe todo desde mucho antes del Génesis,
3) por además leer el Mundo como hay que leerlo: de la putrefacción a la ilusión.
Gonzalo Rojas.

Luego de leer y comentar, propongo que pensemos algo, entre dos o tres cosas; que nombren por qué prefieren una a la otra, pero que lo hagan «*cuidando la planta, dejando que le crezcan hojas poéticas*», lo que no quiere decir solemne.

Propongo y proponen:

Entre azaleas y música.
Entre el cielo y una pulsera.
Entre un árbol y un rumor.
Entre un pañuelo y una linterna.

Un ejemplo de lo escrito:

Entre el cielo y una pulsera prefiero la pulsera. Por dos motivos:

1) Porque la pulsera al moverla suena a pájaros y tormentas.
2) Porque la pulsera es azul y al usarla tengo el cielo en mi cuerpo.

Les digo que pueden ir a consultar los libros y sacar frases de allí.

Que se puede entrar a los libros, salir con palabras y usarlas en sus propios textos.

La biblioteca está en movimiento.

Mientras tanto, T. sigue como una Penélope tejiendo, incesante.

Les digo que pueden inventar una historia con ese tejido. Y que pueden proponer actividades para la biblioteca.

Desplegamos una hoja afiche y allí vamos anotando.

En esta última reunión, como aquella primera vez que llegué, llueve pero todos estamos más cómodos, más resguardados: finalmente, el tejido de las palabras sirvió a modo de refugio.

6. Talleres con jóvenes en escuelas periféricas: cómo acercarse al taller desde una propuesta corporal

En las escuelas de las periferias urbanas, por lo general de escasos presupuestos, se lucha por incluir a jóvenes que tratan de terminar sus estudios secundarios. Pero los programas, en su mayoría, no representan sus inquietudes: sistemas de reglamentos y pautas por momentos incumplibles para jóvenes responsables del hogar, que deben trabajar y a la vez están desocupados, con problemáticas sociales que entran en conflicto y colisión más que en instancias de encuentro.

En estas fronteras se definen, muchas veces, las posibilidades laborales futuras de jóvenes que no terminan de entender cómo adaptarse a un mundo inexplicablemente lleno de obstáculos hacia ellos.

La problemática se reproduce en los cuerpos. Sabemos que todavía en la mayoría de las escuelas secundarias/preparatorias/bachilleratos, los jóvenes tienen que estar sentados, quietos, durante horas. Esos cuerpos jóvenes, con ganas de crecer, expresarse y encontrar su propio cauce, se ven obligados a permanecer en una actitud de inmovilidad a cambio de una futura, hipotética promoción.

He sido invitada por otros adultos de la comunidad educativa.

Algunos conocen mi trayectoria.

Pero los jóvenes sentados no saben con qué cuento vengo. Soy una persona llegada de un mundo ajeno a hacer una actividad que, en principio, les resulta también ajena. Y como lo ajeno/desconocido casi siempre resulta hostil, actúan esa incertidumbre.

Entro al aula, nuevo territorio para el taller. Observo la población, el grupo de estudiantes que me espera. Veo, entre todos, a una joven embarazada, tiene 13 años. Entre los presentes, también está un joven de 15 años que trabaja en una pizzería; me dicen que tiene a sus hermanos menores a cargo; todos los chicos hacen alguna changa. Jóvenes con poco tiempo para crecer, catapultados a la pelea para no quedarse afuera, adultos de golpe, con obligaciones que otros no tienen hasta mucho tiempo después en sus calendarios. Jóvenes sin red.

—*Ya tenemos la materia de lengua, ¿para qué viene esta mujer?*— escucho.

Inicio el taller con mi presentación y con actividades. Esta vez me decido a empezar con caligramas y poesía visual.

Saco láminas. Muestro poemas distribuidos de distinto modo en la página, como por ejemplo de Vicente Huidobro, Guillaume Apollinaire, Joan Brossa, Ángela Serna, Oliverio Girondo, Man-Ray, Nicanor Parra, Yoko Ono, entre otros.

Los invito a que ubiquemos fragmentos en las paredes, en el suelo, en las mesas y sobre los asientos. Les pido ayuda para desplegar el material. Algunos se acercan. Así llenamos de frases el espacio.

Comenzamos a caminar por los pocos lugares posibles en el aula y leemos algunos textos en voz alta. Al moverse los cuerpos, se movió la energía tensa. Como si hubiera aire estancado que deviene en brisa, al entrar en movimiento parece que nos distendiéramos y nos halláramos en lo que nos reúne, los cuerpos en acción.

Nuestro estar juntos se vuelve más amable, cercano, posible.

Comienza a abrirse una puerta para leer y escribir.

7. Fundar una biblioteca. Talleres en zonas de fronteras: cartografías y lenguajes

Un nuevo lugar para acompañar, fundar una biblioteca, acercar palabras...

El viaje es largo. Por fin llegamos a un espacio/casa de madera. Me ofrecen torta frita y mate cocido.

El laboratorio-taller se realizará esta única vez durante seis horas.

Fui invitada a colaborar, a ofrecer ideas, dar pautas para que, luego de mi partida, puedan ir armando una biblioteca.

La invitación es abierta y unas 50 personas de la comunidad se han ido acercando.

En mi presentación les digo que comparto el interés de generar allí un lugar de encuentro. ¿Qué mejor lugar que una biblioteca para reunirse?

Propongo, ya que somos tantos, hacer un mapa de libros, de lecturas, de escrituras, de horarios.

Tenemos que consensuar modos de trabajo, estaremos seis horas juntos y no queremos que nadie se quede con la palabra en la boca.

Estamos en un espacio comunitario, una zona de tránsito. Por esta casa van a pasar quienes trabajan de lunes a viernes, otros los fines de semana. También los que realizan sus compras de comida, de abrigo. En algunos momentos se cruzan, se reconocen. Pero quieren tener la posibilidad de planificar encuentros. Alguien pide que se anoten los horarios del médico que viene a la casa, que eso es muy importante. Y estamos de acuerdo.

Algunos comentan que apenas saben leer, escribir, y varios hablan en idiomas distintos al castellano, tienen dificultad con este «nuevo idioma», lengua que no es la propia.

Dicen que necesitan ayuda, no solo para leer. Se produce ese sutil momento de tensión dado que habrá que escribir y organizar ese pedido.

Que necesitan un lugar para descansar, comer, dejar a los hijos para poder hacer trámites.

Hacemos un mapa de palabras y dibujos, un mapa colaborativo: ¿quiénes podrían tener tiempo para determinadas actividades?; vemos días, horas.

Se forma un grupo de personas mayores que tiene ganas de contar historias, algunas los recuerdos para que no se pierdan. Otras, inventadas. ¿Vendrán a contarles historias a los pequeños?

Apuntamos ideas para acondicionar el espacio, generar un lugar cómodo para las acciones. F. comenta que traerá un colchón con alguna sábana para así armar un sofá, también R. dice de buscar cajas de frutas/verduras para colocar libros. H. propone hacer una campaña y los trámites necesarios para conseguir libros nuevos. Ya nos pusimos en acción: aclarado el emergente, los pedidos surgidos de las necesidades concretas, el taller puede nacer en su espacio propio y particular.

Después de terminar el mapeo, comenzamos con lecturas.

Leo:

Hipótesis tardías

Si mi casa estuviera hecha con palabras no me calcinaría el silencio,
la humedad y las grietas no serían más que metáforas del frío
que se alimenta con mis huesos.
Si mi morada fuera un poema tendría una fuente en la mitad del
patio
y las monedas oxidadas por la memoria de tantos deseos perdidos

no hablarían en los bolsillos del hambre.
Si la argamasa de los muros estuviera hecha de aliento incontenible,
si las vocales llenaran las horas con ese humo que no asfixia,
sería difícil desprenderse del fuego,
alejarse cuando el crepitar se hace canto y la luz sube por la garganta:
no mediarían en la atmósfera los vocablos de la muerte,
no podría, como ahora, olvidar la manera de respirar.

Sandra Uribe Pérez.

Les cuento que cuando leí este poema, recordé a Sonia Delaunay que nació en Ucrania en 1885 y que murió en 1979. Que además de pintar, de tejer, construyó vestidos de poesía y hasta una casa de poesía. Que siempre pensé que serían hermosas las ropas y las casas así.

Cada uno quiere poner frases en su propia lengua materna. ¿Pero dónde? ¿Cómo?

—*Si están en las paredes o en las puertas, tienen que tener linda letra.*

D. propone hacer letreros y pintarlos.

—*En lugar de una casa de poesía, una casa con letreros y frases.*
—*¿En cada letrero un idioma o los mezclamos?*
—*Nos podemos ir enseñando los idiomas.*
—*Podemos hacer historietas también.*

Así, las paredes del espacio se llenaron de palabras en diferentes lenguas, dispuestas a hermanarse en la voluntad de ser traducidas, vueltas a decir en reunión, dispuestas a saltar las fronteras.

Cada encuentro de taller me muestra aspectos diferentes.

Hay veces que te sentís un aleteo, que viajaste horas para aprehender, para escuchar, para confirmar que si se ofrece un espacio de encuentro, las cosas irán sucediendo.

Un aleteo que convoca palabras.

8. Taller en una fábrica recuperada (Argentina)

El fenómeno de las fábricas recuperadas irrumpió en el paisaje de una Argentina en pleno hundimiento, allá a fines del siglo pasado. En aquel momento, surgieron como nuevas formas de resistencia, cuando muchos operarios descubrieron su trágica situación ante las quiebras de la patronal. Casi dos décadas después, hay una gran cantidad de fábricas recuperadas (por sus empleados, operarios) que fueron conformándose en cooperativas o diferentes tipos de agrupaciones, que incluso han generado una suerte de actividades a modo de extensión y contención de sus integrantes. En ese contexto, la comisión directiva de una cooperativa que administra una fábrica recuperada, me contacta y me pide que lleve a cabo mi taller de la revuelta.

Llego a un edificio en la periferia de la ciudad.

Como siempre, intento llegar antes, pero esta vez ya me está esperando un grupo. Hombres entre 30 a 60 años.

Me indican que me siente y eso hago.

Me dicen:

—*Queremos saber sobre Borges y quiénes son los mejores escritores de la humanidad, eso queremos. También cuánto va a cobrar.*

Sé que alguien les pasó mi contacto, pero no sé quién.

Les digo que sobre Borges y otros grandes escritores pueden buscar información en internet, también en bibliotecas y que no me ocupo de eso.

Ellos repiten que saben de mi tarea y quieren mi servicio; que quieren dar un pago adelantado pero que como me puedo imaginar, al ser ellos los delegados de una fábrica recuperada, tienen en cuenta todo lo normativo correspondiente a mis horas y seguridad.

Les vuelvo a repetir que mi trabajo no consiste en dar clases sobre algunos autores, pero que podemos aprovechar este tiempo de reunión para compartir mi hacer, como una prueba de servicio, que me testeen...

Entiendo que nos está costando establecer un contrato, clarificar respecto del intercambio. Es una preocupación lógica, y no tengo ningún inconveniente en mostrarles lo que se trabaja en un taller de estas características, que es diferente a un curso de capacitación o una clase expositiva tradicional.

Se produce un silencio grande.

Empiezo mi trabajo.

Miran cómo saco libros, hojas blancas, lápices y más libros de mi valija y mi mochila.

Les digo que pueden acercarse, hojearlos y ver si algo les llama la atención. Que tomen, luego, un libro por participante.

Les propongo que elijan un fragmento de ese libro.

Que se ubiquen en parejas.

Ahora es el momento de leer lo seleccionado al compañero.

Dos hombres se leen, primero uno y luego otro.

Contemplo.

Una vez que han leído, les pido que seleccionen uno de esos dos fragmentos, que pueden discutir o conversar hasta llegar a un acuerdo; que debe quedar un solo fragmente del libro elegido por cada pareja.

Aceptan la invitación.

La pareja se reúne con otra y se repite la dinámica, ahora tres escuchan, uno lee.

Así hasta que se forman dos grupos de 20 personas cada uno.

Quedan dos libros de los 40 primeros. Y en ellos, los fragmentos seleccionados.

Ahora les toca debatir para elegir uno.

Leen en voz alta el texto seleccionado:

El catorce de enero de 1922, Emma Zunz, al volver de la fábrica de tejidos Tarbuch y Loewenthal, halló en el fondo del zaguán una carta, fechada en el Brasil, por la que supo que su padre había muerto. La engañaron, a primera vista, el sello y el sobre; luego, la inquietó la letra desconocida. Nueve o diez líneas borroneadas querían colmar la hoja; Emma leyó que el señor Maier había ingerido por error una fuerte dosis de veronal y había fallecido el tres del corriente en el hospital de Bagé. Un compañero de pensión de su padre firmaba la noticia, un tal Fein o Fain, de Río Grande, que no podía saber que se dirigía a la hija del muerto...

Jorge Luis Borges.

Les pido que cada uno tome una hoja e intenten describir la dinámica. ¿Cómo se sintieron con la actividad?

¿Por qué abandonaron su texto?

¿Quedaron contentos con la elección final...?

Hacemos una ronda. Nos miramos.

R. pregunta si Borges hizo alguna vez algo parecido...

Yo respondo que no lo sé..., después digo que, pensándolo un poco, sí, hacía lo mismo, que estaba entre libros y con amigos lectores, que elegían y se recomendaban libros unos a otros, los comentaban. Que, al trabajar mucho tiempo en una biblioteca, estuvo siempre entre libros.

Me despido. Aviso: nos vemos la próxima semana.

Me repiten: una vez que hayamos leído a los grandes autores, esto se termina.

Me ponen sus exigencias sobre la mesa. Iré viendo cómo cumplirlas...

9. *Cocina de palabras.* Taller-laboratorio con jóvenes inmigrantes (entre 14 y 17 años) de Latinoamérica en Europa

Entran, tímidas; se van ubicando con esa manera de sentarse en el desánimo.

Ellas no eligieron venir a otro continente, sino que fue decisión de sus familias. En sus países quedaron amistades, sabores, olores, el modo de hablar que por momentos hace otra lengua. Una de las principales formas del exilio.

Propongo presentarnos y contar de qué país venimos y cuáles son las comidas típicas; cuál la preferida.

Aparecen los recuerdos. Y que el gusto de tal fruta o verdura no es el mismo aquí que allí. Ni el sabor.

Nos acercamos como si nos estuviéramos contando secretos.

Aprovecho esa cercanía física que se dio de modo espontáneo, para contar el taller que vamos a realizar. Les digo que a veces me gusta llamarlo laboratorio porque me permite experimentar, probar, y que algo se revele. También a veces uso la palabra cocina.

Ellas comentan que es una buena idea llamar al taller o laboratorio con el nombre de «Cocina de palabras».

Proponemos traer para el próximo encuentro algunas comidas, nos organizamos. Y también propone F. traer recetas.

N. dice con una voz muy bajita que a ella le gusta como nombre «Cocina de palabras» pero que no le parece empezar en un grupo de mujeres con la comida.

Se produce una polémica y muchas dicen que ahora está la moda de los cocineros. Se llega a la conclusión que, de todos modos, en la mayoría de las casas son las mujeres las que cocinan y que los hombres ayudan pocas veces. Se forman dos subgrupos: uno que quiere traer recetas para intercambiarlas y comidas para acompañar los encuentros. El otro subgrupo propone buscar letras de canciones y poemas.

Estas son las poesías que les mostré para reunir las dos temáticas.

Cebolla

La cebolla es otra historia.
No tiene entrañas la cebolla.
Es cebolla, cebolla de verdad,
hasta el colmo de la cebollosidad.
Por fuera cebolluda,
cebollina hasta la médula,
podría escrutar su interior
la cebolla sin temor.

Wislawa Szymborska.

El talismán

...Aquí estoy. Tejedora, lavandera,
desgranadora de maíz y, a veces, en la noche
cuando el sueño no acude,
relatora de historias.

Rosario Castellanos.

Patio

Mi madre cocinaba exactamente:
arroz, porotos negros, salsa de batatitas.
Pero cantaba.

Adelia Prado.

En el tiempo de este taller/laboratorio fuimos conociendo platos diversos y autores diversos, escuchamos canciones de los distintos lugares. Además, fuimos notando las diferentes maneras de significar ciertas palabras *(niño, pibe, guagua, pelado...)*. Las distintas formas de nombrar al transporte y el amor. Tejimos puentes entre las palabras de uno y otro lugar.

Luego de un intenso año, como despedida y a la vez festejo del tiempo compartido en nuestra «Cocina de palabras», decidimos organizar una fiesta e invitar a nuestras familias.

En una tela habíamos escrito las cosas que extrañábamos, en otras las que nos gustaban de este nuevo país que, también, nos acoge (a pesar de, como dice T, a veces en el instituto no me hablan... me siento sola, aquí me siento más a gusto). Nos reímos de las diferentes connotaciones de la palabra gusto.

Ponemos otra tela para que nuestros familiares puedan escribir lo que extrañan y lo que les gusta de su nuevo lugar.

Hemos ido creando un espacio donde es posible intercambiar conversaciones, lecturas/escrituras/sabores.

Ha terminado el curso. En este caso, luego del largo año trabajado bajo mi coordinación, se produce la inmensa felicidad de comprobar que el taller seguirá funcionando.

—Aunque no venga Laura —dice G.— podemos juntarnos en el parque...
—Sigamos las lecturas.

Confirman los números de teléfonos agendados. Así se afirma el grupo de WhatsApp.

—Nos contamos qué hacemos, cuándo nos reunimos, lo que estamos leyendo.

Nos abrazamos. Cada una se va con su grupo familiar. Saben que pronto volverán a reunirse.

TERCERA PARTE

CARTOGRAFÍA EXPERIENCIAL.
OTRAS ACCIONES POÉTICAS-POLÍTICAS

Otras experiencias

En este otro capítulo, este otro carril, se comparten experiencias de diversos colectivos que, con su modo de hacer, de dar, van abriendo espacios, van creando más redes. Generando a través del arte y la educación vínculos genuinos, otras revueltas en el tiempo espacio, más aquí y más allá de los confinamientos.

Se invita a colectivos y mediadores a relatar algunas de sus prácticas sabiendo que muchas otras están accionando a la vez.

Nuevas articulaciones, circuitos, repertorios, resonancias del accionar poético-político que surcan el mundo.

EN ARGENTINA

Meriendas entre libros[4], el disfrute de leer con otros, con otras

Estamos alrededor de la mesa. Sobre la mesa hay un mantel a cuadros, sobre él, libros, y todo lo no recomendado para una sala de una biblioteca: bandejas con galletitas, budines caseros, sobrecitos con té, termos con agua, yerba y varios mates recién lavados. Falta poco para comenzar una de las tantas *Meriendas entre libros* que se ofrecen los últimos viernes de cada mes en la *Biblioteca Popular Por cami-*

---

4. *Meriendas entre libros,* propuesta coordinada por Marinés Gómez y Claudia Stella, que se desarrolla en la Biblioteca Popular Por Caminos de Libros, dentro del Centro Educativo Comunitario Ramón Carrillo, Barrio Ramón Carrillo, Villa Soldati, Ciudad de Buenos Aires.
Información complementaria:
https://www.facebook.com/CentroEducativoComunitarioRamónCarrillo

nos de libros, para personas adultas del barrio y de donde quieran venir. Y esto no es un decir; una de las cosas que caracteriza a las *Meriendas* es lo heterogéneo de sus participantes: vecinas y vecinos del barrio, jóvenes pasantes de algunos profesorados e institutos, conocidas/os de otros barrios... En resumen, diversidad de geografías y de recorridos lectores y educativos. Las *Meriendas* funcionan como un lugar de encuentro entre iguales alrededor de lecturas que nos van a interpelar a todos y todas, en el mismo momento, gracias a que somos iguales en nuestras inteligencias, gracias a que la buena literatura siempre tiene algo que nos inquiere. Esto es lo más democrático que ocurre en la propuesta: la lectura se construye con las vivencias personales de cada uno, que todos y todas tenemos, que pertenecen a nuestra más profunda intimidad y que, sin embargo, se ponen en juego al mismo tiempo, en el mismo espacio. La inexistencia de interpretaciones únicas, correctas, deja lugar a un terreno de incertidumbre, pero también da la posibilidad infinita de volver una y otra vez a acercarse desde distintos lugares, tal como sostiene Cecilia Bajour:

«La democracia de la palabra compartida implica el encuentro intersubjetivo de voluntades que aceptan al otro en su diferencia y están dispuestos a enriquecer su vida, su lectura y su visión de mundo con esa diferencia, aunque no coincida con ella. Construir significados con otros sin necesidad de cerrarlos es condición fundamental de la escucha y esto supone una conciencia de que la construcción de sentidos nunca es un acto meramente individual.»

Irán llegando de a poco, nunca se sabe cuántos/as vendrán, la mesa se prepara generosa, hay libros álbumes, libros ilustrados, de narrativa, de poesía; en general, hay una propuesta temática o un hilo conductor que preparan las coordinadoras (una bibliotecaria y una narradora oral). La planificación existe, pero el devenir es parte de ella, es decir, que incluye y le hace lugar a lo emergente e inesperado en el marco de una propuesta como esta que no es un grupo de autoayuda, ni los textos son la puerta de entrada para hablar de algunos «temas importantes». Aun así, estos disparan conversaciones acerca de la vida, del texto mismo, de su lógica interna, de los recuerdos, de qué haríamos nosotros en ese lugar; entre otras cosas porque cada participante es caja de resonancia *singular* del texto leído o narrado, de autor o de tradición oral. Desde el año 2012 esta propuesta se sostiene desde la coordinación y desde los y las participantes que con su presencia insistente reafirman la necesidad de un espacio/tiempo en sus vidas para habitar la ficción, para la lectura y la escucha compartidas, para disfrutar de la belleza de las palabras. Antes de irse pedirán un cuento narrado a viva voz, si aún no ha sido narrado, y es probable que Sofía diga: «cómo me gusta su cuento». Siempre lo dice así, en singular, aunque se hayan leído y narrado más de cinco. Quizá tenga razón y sea «el cuento», siempre un único «cuento», esa sustancia, el carozo, el corazón universal de todos los cuentos, ese artificio que es como el mundo y al mismo tiempo no se le parece en nada, un mundo de palabras con reglas propias que es posible visitar en compañía de otros/as. Al retirarse serán pocos/as los/las que lleven libros a sus casas, para la gran mayoría que asiste, su encuentro con la lectura literaria ocurre el último viernes de cada mes, alrededor de esta mesa en donde leer se parece a escuchar, y hablar sobre lo leído, a seguir leyendo. Cada último viernes la mesa estará dispuesta, esperando a cada uno, a cada una, por muchas razones, pero sobre todo porque el derecho a la belleza debería ser el resumen de los demás derechos.

Creación de libros[5]

Comenzamos una experiencia de taller que se basó en hacer libros, hacerlos manualmente y dejar plasmada la palabra de los vecinos y vecinas. Ambas bibliotecas están en dos barrios diferentes.

Nos interesó trabajar en los barrios porque allí veíamos que se acercaban abuelas y abuelos o algunos adolescentes solicitando libros, o para sus nietos o para ellos mismos, con el interés de ayudar en la tarea, y en las charla de búsqueda de libros notamos la necesidad que tenían de contar sus historias de vida.

Se realizaron los siguientes libros: «Soy bonito, bonita, soy inteligente, soy importante»; «Tejemos historias, nos tejemos»; «El mundo es una gran historia y yo estoy en él».

Comenzamos en el año 2015 y finalizamos en el año 2019, por el tema de la Pandemia no pudimos hacerlo en el año 2020. El proyecto continúa. Espera que se abran las bibliotecas.

Sus integrantes fueron hombres y mujeres, muchos de la comunidad mapuche, de entre 19 y 70 años. Algunos adolescentes expulsados del sistema escolar asistieron al taller porque hallaron interesante hacer un libro con sus manos y sus decires, y ver luego escritas con sus frases y palabras, sus propias historias de vida.

Creemos que el acceso a la cultura de quienes han sido desplazados, y escribir sus decires para ser protagonistas de la historia, es hacer entrar en el mundo del saber a aquellos a quienes nunca se escuchó. Reivindicar su palabra es dignificarlos.

---

5. Somos Graciela Rendón, escritora, y Stella Acosta, ilustradora, de la Biblioteca Popular Ruca Trabun y la Biblioteca de Barrio Recrearte de la ciudad de San Martín de los Andes. A partir de este trabajo, la Dirección de Bibliotecas Populares de Neuquén nos propone llevar a cabo un nuevo proyecto cuando finalice la pandemia para llevar al campo, a zonas rurales, el taller «Decir nuestra palabra» haciendo libros en las comunidades.
Información complementaria:
Nuestros trabajos se pueden ver en los Facebook respectivos de Graciela Rendón y Stella Acosta Rovira. También en el Facebook de la Biblioteca Popular Ruca Trabun.

Bibliotecas Populares del *Escaramujo*[6]

Nuestras primeras experiencias surgen en jardines comunitarios, destinados a niños/as de 45 días a 3 años de edad, por lo que nuestra mirada en torno al acceso cultural da cuenta de un recorrido y cuestionamiento a las formas de acompañar a las infancias, entendiendo las expresiones artísticas y, en especial, la literatura como una necesidad desde la cuna. La palabra poética es para nosotras una parte fundante del cuidado en la constitución subjetiva.

Somos las Bibliotecas Populares del Escaramujo, una propuesta de inclusión social con mirada político-pedagógica y cultural, entendiendo el acceso a la cultura y la lectura como una necesidad básica y esencial en la vida de todo ser humano.

Una experiencia concreta entre muchas otras fue la promoción de lectura en los micros escolares. En el barrio de Bajo Flores ante la problemática de la desaparición de adolescentes y la búsqueda desesperadas de sus familias y la comunidad, desde la red de docentes, familias y organizaciones del barrio, autogestionamos un micro popular que recorre el mismo llevando a adolescentes hacia las escuelas secundarias de Flores y Caballito. Desde nuestra Biblioteca decidimos que una caja de libros acompañe esos viajes y cada tanto una narración como estrategias de promoción de la lectura.

---

6. Información complementaria:
Facebook: Bibliotecas Populares del Escaramujo
Instagram: @delescaramujo.

EN MÉXICO

Periodismo, mediación y crítica de literatura infantil y juvenil de Adolfo Córdova[7]

Periodismo cultural, crítica literaria y mediación lectora son, para mí, complementarios. Incluso, quizá, diferentes formas de responder a un mismo tipo de preocupación o compromiso social y artístico.

El/la periodista observa, cuestiona e investiga para informar sobre ciertos temas, traducidos en hechos; quiere acercarlos a la gente porque cree relevante que se conozcan e intenta hacerlo desde muchas perspectivas, busca ser objetivo o asume la subjetividad como un valor en lo que comunica. Es una suerte de mediador/a y crítico/a.

El/la crítico literario lee y cuestiona, selecciona y contrasta, señala un pasado, propone continuidades y rupturas en una tradición, esboza tendencias, vanguardias, para analizar más profundamente la creación literaria; pero también quiere llegar a alguien, formar a otros lectores/as críticos/as, dialogar con la propia literatura y con un lector modelo. Tiene algo de periodista y mediador/a.

El/la mediador/a, en nuestro campo, lee, selecciona y difunde con una mirada sensible a un/a lector/a particular, comprometido/a socialmente. Traduce sus experiencias de lecturas en nuevas experiencias de lectura, en encuentros, hace pequeñas historias con las historias (adapta, juega, conecta, entrecruza a partir del libro). Es una suerte de periodista y crítico.

---

7. Información complementaria:
Enlace: https://linternasybosques.wordpress.com/

Todas las voces[8]

A través del proyecto *Todas las voces*, organizo actividades de gestión cultural comunitaria con la lectura como generadora de un diálogo intercultural en el que se reconocen los haberes y saberes de todos, para potenciar a las personas y fortalecer vínculos en la comunidad que ayuden a recomponer el tejido social.

Los textos que invitan a la empatía, la inclusión y al trabajo comunitario, nos han permitido leer la mirada del otro y juntar nuestras miradas para construir un espacio incluyente, en el que fluyen experiencias interculturales que nos han enriquecido a todos los que nos reunimos en ese espacio en torno a la lectura.

Todas las voces fue diseñado con la idea de dar voz a quienes están en el silencio: indígenas, víctimas de violencia, personas con necesidades especiales y migrantes. La intención es que se escuchen sus voces y que se unan otras voces para tejer comunidad. Por eso he convocado a otros/as mediadores/as, escritores/as, artistas plásticos y músicos, para juntos construir comunidades lectoras incluyentes. Algunos/as escritores/as sensibles y generosos/as que han acompañado nuestras sesiones son Beatriz Helena Robledo (Colombia), Adolfo Córdova (México) y Diego Lebro (Colombia).

Algunas actividades adicionales son: Talleres de fomento a la lectura y escritura para niños, jóvenes, familias, maestros, bibliotecarios y funcionarios; participación en charlas y mesas redondas sobre fomento a la lectura, participación en Ferias de Libro y des-

8. Información complementaria:
Nora Obregón. Correos: noraobregon.formus@gmail.com
kunstgalerievalle@hotmail.com
Redes sociales:
Facebook: Sala de Lectura Acordes Cotidianos
Grupo de Facebook: REDLEEMOS Lecturas en Movimiento y Solidaridad
Instagram: noraobregon

de la pandemia he tenido que «reinventarme» para seguir resignificándonos en esas convivencias a partir de la lectura compartida.

El proyecto *Todas las voces* con los migrantes surgió en 2010 para brindar hospitalidad a las personas que migran, sensibilizar a la comunidad para descriminalizar a la población migrante y formar a jóvenes mediadores de nuestra comunidad como puentes culturales, para que multipliquen acciones de arropar al migrante. Estos jóvenes tienen una formación musical que les permite interpretar bellas melodías durante nuestras sesiones y generar espacios para compartir expresiones musicales, usando percusiones corporales, por ejemplo.

Formamos parte de la *Red de Literatura infantil y espacios seguros*, liderada por la Dra. Evelyn Arizpe de la Universidad de Glasgow y, recientemente, hemos establecido una relación de colaboración con investigadoras de la Universidad de Arizona.

Así, las actividades de mi *Sala de Lectura Acordes Cotidianos* en su modalidad itinerante conviven con comunidades vulnerables de Monterrey, Nuevo León y su zona conurbada, y hemos participado en proyectos para tejer comunidades lectoras en Tapachula, Chiapas, y Metepec (Estado de México), todo esto en México.

En 2019 formamos dos comunidades lectoras en Centroamérica: en El Salvador con el programa *Educambio* en El Castaño, comunidad de Nejapa, San Salvador y en Guatemala con *UPAVIM* (Unidas Para Vivir Mejor), la comunidad lectora *La Esperanza*, en Villanueva, Zona 12, Ciudad de Guatemala. Ambas en contextos vulnerables debido a los altos índices de violencia y pobreza.

Soy cofundadora (junto con María Esther Pérez Feria) de Red LEEMOS: Lecturas en movimiento y solidaridad, iniciativa que nació durante el Octavo Foro Social Mundial de las Migraciones (México 2018), cuyo propósito fundamental será el encuentro solidario con personas en migración, desplazamiento forzado o en otras condiciones de vulnerabilidad, para la construcción de espacios simbólicos, hospitalarios y dialógicos, que brinden experiencias de paz, abrigo y refugio, que reivindiquen la dignidad y fortalezcan la agencia personal de quienes se hallan fuera de su lugar de origen o de su hogar para proteger su integridad o en busca de una vida digna con paz, justicia y equidad. Estos espacios simbólicos estarán mediados por la presencia de libros y lecturas que darán pie a intercambios dialógicos e interculturales, puestas en común de saberes tradicionales y otras formas de expresión creativa de las identidades.

La Red LEEMOS convoca a personas, colectivos y organizaciones de la sociedad civil, así como a otros organismos e instituciones públicas que deseen sumarse o sumar sus acciones, recursos y plataformas a las acciones de esta red.

Este espacio en redes sociales servirá para difundir e intercambiar experiencias, saberes y propuestas en torno de las acciones mediadas por libros y lecturas dirigidas a comunidades en condición de migración, desplazamiento forzado o refugio.

EN ECUADOR

De la oralidad a la creación de comunidades lectoras. La experiencia de *Gente y Cuentos* y *Picnic de Palabras*[9]

Leer es un viaje que se inicia de la mano de alguien que despierta nuestra curiosidad, aviva nuestro gusto e interés por el lenguaje, por la palabra oída y escrita. A veces recordamos a esos primeros mediadores en los sonidos, las historias, las canciones cantadas y contadas por abuelos y abuelas, padres y madres, amigos de infancia. En otros casos, evocamos encuentros más recientes con mediadores en espacios escolares, en amistades y amores epistolares, en experiencias sonoras y visuales. En el corazón de esta infinidad de aproximaciones a la palabra, están los vínculos afectivos que tejemos con las personas, lugares y situaciones.

Y es que, en el oficio de la mediación, lo más poderoso que podemos lograr es la creación de estos lazos alrededor de la palabra, la formación de una comunidad que descubre el placer de la lectura gracias al acto sencillo y amoroso de compartirla. Estos ideales inspiran dos iniciativas con las que buscamos, ante todo, la creación de una comunidad lectora y el intercambio de experiencias alrededor de las historias.

En *Picnic de Palabras* queremos despertar el gusto por la lectura a través de la literatura infantil. Cada quince días, abrimos nuestra biblioteca en lugares inusuales, como parques, plazas y calles, y disponemos nuestros libros sobre manteles para captar la atención de curiosos transeúntes. Acompañamos la experiencia con lectu-

---

9. Información complementaria:
Catalina Unigarro. Coordinadora metodológica de Picnic de Palabras Ecuador - Coordinadora de Gente y Cuentos Ecuador. Correo: primulazula@gmail.com
Pag web:
https://www.facebook.com/GenteyCuentosEcuador
https://peopleandstories.org/gente-y-cuentos/descripcion-del-programa/
https://www.facebook.com/PicnicDePalabrasEcuador/
http://picnicdepalabras.webflow.io/

ras en voz alta, la escucha atenta y silenciosa, la mirada cómplice, la narración y otros recursos artísticos diseñados para cada encuentro.

En *Gente y Cuentos,* una propuesta inspirada en la educación popular, la lectura en voz alta también es protagónica. En cada encuentro, jóvenes y adultos, quizá por vez primera, comparten sensaciones y reflexiones sobre la poética, la ambigüedad y el misterio de un cuento leído en voz alta, asombrándose de encontrar resonancias entre las historias y su propia experiencia vital.

Picnic de Palabras, ideado en Bogotá en el 2012, se ha replicado en más de veinte ciudades del mundo. People&Stories/Gente y Cuentos, creado en Estados Unidos hace casi cincuenta años, ha propiciado incontables encuentros en español, inglés y francés. Con las particularidades que supone el contexto ecuatoriano e inspirados en estas metodologías, asumimos el enorme desafío de iniciar y nutrir las experiencias lectoras de una comunidad diversa que se sigue tejiendo con cada encuentro.

EN COLOMBIA

Biblocarrito R4[10]

Biblocarrito R4 es una biblioteca itinerante e independiente que desde 2015 recorre diferentes localidades bogotanas; variados municipios de Cundinamarca, Boyacá, Santander; así como ciudades en departamentos tan distantes entre sí como Arauca y el Chocó. Montada en un Renault 4, la biblioteca ha compartido lecturas con miles de niños en diferentes territorios del país. Entre los años 2016 y 2019, el proyecto habitó la vereda El Verjón, ubicada en las localidades de Santa Fe y Chapinero, y desde allí desarrolló diferentes proyectos de lectura y escritura que vincularon el diálogo de saberes entre las zonas rural y urbana de la ciudad, y cuyo alcance se ha extendido durante estos años a las zonas rurales de localidades como Usme, Ciudad Bolívar y Sumapaz.

En el *Biblocarrito* tenemos tres frentes de trabajo: los viajes a comunidades distantes de Bogotá como apoyo a procesos culturales comunitarios (gestión de donaciones de libros y materiales, apoyo a festivales, ferias del libro y eventos culturales locales); los recorridos por la ruralidad y zona urbana bogotana, y el proceso comunitario en la vereda El Verjón. En los años 2016 y 2017 desarrollamos el proyecto *Caminos narrados* con el apoyo del proyecto *Páramos,* de *El Acueducto* de Bogotá, a través del cual se realizó una investigación en los saberes, tradiciones y costumbres de la ruralidad que perviven en la zona urbana bogotana, y cuyo fruto fue el libro *Viajes de campo y ciudad* (Melífera-Jübilo, 2017) que recoge las principales experiencias de viaje y diálogos durante este periodo (2015-2016). El proyecto tuvo como eje principal el desarrollo

---

10. Información complementaria:
https://www.facebook.com/biblorenault
biblocarrito@gmail.com
https://www.instagram.com/biblocarrito

de talleres de promoción de lectura en la Bogotá urbana y rural a través de las líneas de memoria, identidad y territorio, además de cuidado del medio ambiente, que poco a poco han consolidado una metodología de trabajo propia sobre lectura en ruralidad y, específicamente, en las zonas de páramo y alta montaña. Hemos instalado puestos de lectura en caminos rurales; apoyamos procesos comunitarios en otros lugares del país y, en nuestra vereda, ofrecemos actividades culturales para niñas y niños habitantes, así como para los visitantes regulares de la vereda (ciclistas y turistas). A través de distintos proyectos y becas, podemos brindar talleres de artes plásticas, música, ciencia y literatura para primera infancia, población infantil y adultos

En septiembre de 2018, Laura Acero, una de las integrantes del *Biblocarrito*, publicó la edición ampliada de *Viajes de campo y ciudad* (Laguna Libros, 2018), diario personal que incluye también la memoria de los viajes y proyectos realizados en el 2017, así como reflexiones fruto del trabajo en la ruralidad de las localidades de Usme y Sumapaz. El *Biblocarrito* forma parte del banco de buenas prácticas de lectura de la Secretaría de Cultura, Recreación y Deporte de Bogotá, y el proceso del *Biblocarrito R4* ha sido reseñado por Maguared (Ministerio de Cultura) y el banco de experiencias de lectura del CERLALC.

En el 2019 se presenta en la FILBo el libro *La lectura en Colombia: formas de estudiarla y promoverla* (Filomena Edita, 2019), con el ensayo de Laura «Lectura, itinerancia y vocación» que conceptualiza el proceso del *Biblocarrito*.

Ya desde sus comienzos hemos trabajado en diferentes veredas de Bogotá, Boyacá y Cundinamarca, y en el 2018 participamos en la 1era Fiesta del Libro y la Lectura del Chocó (FLECHO) y en el Festival del Libro Sarare en Saravena, Arauca. En el 2019 participamos por tercera vez en la *Feria Internacional del Libro* de Bogotá; en la 2da FLECHO; en la *Feria del Libro Estudiantil Déjame Leer en*

Paz, de Barrancabermeja; en *La Fiesta del Libro y la Cultura* de Medellín y en el *Festival de La Tigra en Piedecuesta,* Santander, ofreciendo nuestros talleres a diversas comunidades, recorriendo veredas y conectando la lectura y la palabra hablada para compartir nuestras diversas maneras de vivir en el país. Seguimos durante este año recorriendo la ruralidad bogotana y compartiendo materiales de lectura que gestionamos a través de donaciones y, sobre todo, a través de alianzas con autores locales, editoriales independientes y pequeñas librerías, agentes del libro a quienes les interesa, al igual que nosotros, que la literatura nacional se mueva fuera de los centros tradicionales de la cultura, a la vez que visitando las librerías de los municipios cercanos a Bogotá y en alianza en eventos de instituciones como el *Teatro El Parque* en Bogotá o el *Instituto Caro y Cuervo.*

Este año celebramos nuestros cinco años de rodar la palabra por Colombia participando de nuevo en el *Festival de La Tigra* en Santander y con un evento de celebración en la librería Matorral, en Teusaquillo, justo el fin de semana anterior al inicio de la cuarentena y el confinamiento obligatorio. A partir de esta situación, poco a poco hemos buscado otro tipo de formas de conectar con las comunidades rurales y con nuestros amigos de la zona urbana: videos en Youtube, algunos recomendados, envíos de materiales de ediciones públicas a través de WhatsApp, así como la posibilidad de recoger residuos orgánicos en la zona urbana para procesos de compostaje en la ruralidad (en Choachí, Cundinamarca, específicamente) y reforzando nuestro proceso de apicultura, una de las fuentes de ingresos económicos y de aporte al cuidado del medio ambiente que lidera Arco Daniel González, cofundador del *Biblocarrito R4.*

EN ESPAÑA

Intervenciones performativas comunitarias en torno al libro[11]

A través de Akántaros, asociación intercultural y transdisciplinar dedicada al arte y la educación, realizamos acciones basadas en una metodología de laboratorio como espacio de investigación, experimentación y creación; en constante diálogo con el contexto y sus imprevisibles. Deriva hojaldrada, continua, en la que se suceden propuestas.

En estos años de recorrido hemos desarrollado diferentes experiencias con los libros y las comunidades, como por ejemplo abrir el Centro Municipal de recursos para la primera infancia Bhima Shanga en Rivas Vaciamadrid, donde integramos bibliotecas en todas las aulas del centro, además de redes de trueque y encuentros con mediadores de lectura.

La reapertura de la Sala León Felipe en Villaverde Bajo donde hemos podido realizar rondas de libros, cuentacuentos, clubes de lectura y talleres de fomento lector. Así, —y recordando también a aquellos juglares que iban de pueblo en pueblo— emergen nuevos tiempos/espacios que posibilitan el convite de cuentos, historias, relatos en torno a la comunidad.

A través de investigaciones y experiencias han surgido otras prácticas, por ejemplo: exposiciones interactivas teatralizadas; instalaciones y performatividad de lectura/escritura haciendo uso del espacio público, parques, aceras, centros culturales.

En *Mueve tu poesía,* los cuerpos reunidos leyendo nos abren a indagar en posibles danzas que nos hacen reconocer la lectura como

---

11. Información complementaria:
Akántaros - Arte + Educación: http://akantaros.com/
Instagram: https://www.instagram.com/aakantaros/
Facebook: https://es-la.facebook.com/Akantaros
Twitter https://twitter.com/aakantaros
Canal de vimeo:https://vimeo.com/akantaros

hecho corporal. En esta interrelación se generan coreografías lectoras. Se realiza esta mediación a través de invitaciones abiertas intergeneracionales creando intervenciones móviles.

DILE-Deriva interdisciplinar de lectura y escritura

Es un ecosistema atravesado por distintas líneas de acción que genera un espacio mutante con el deseo de fortalecer el acercamiento a la lectura y la escritura.

DILE propone trabajar en triangulación con la escuela, el barrio y el profesorado (tanto en formación como en su práctica laboral).

Este esquema puede variar dependiendo de los interlocutores, o sea que se puede armar la deriva comenzando por la escuela o terminando en ella.

Trabajamos con visitas y talleres donde se hallan presentes la noción de hospitalidad y los desplazamientos en la convención de las cosas.

Imaginar líneas de experimentación capaces de hacer resistencia a las lógicas del tiempo/espacio y poder preguntarnos: ¿Se puede ir más despacio? ¿Qué aprendizajes aparecen cuando se ralentizan los procesos? ¿Quién se queda fuera cuando se acelera? ¿Qué sucede en los momentos de distracción? ¿Cómo se interviene el tiempo/espacio en una actividad de arte/lectura en la escuela, en el barrio y en la casa-familia?

En nuestro hacer deseamos transmitir vínculos socializantes, integradores a la comunidad, y por ende a la cultura.

VII. Revuelta sin final. Algunas conclusiones

En este libro compuesto en su mayoría por mosaicos, fragmentos, proponemos el leer y el escribir no como un hecho (solamente) solitario y pasional sino de intercambio de experiencias comunitarias donde leer y escribir —así como teoría y práctica— no resultan dos movimientos distintos, sino que forman una continuidad, entrelazamientos de una con la otra.

Y decimos acciones de revueltas. Mostramos las variables de significaciones que puede tomar una revuelta y la manera en que en este libro hablamos de ella, de esa subversión que se nos produce al leer, al escribir y vuelta a leer y vuelta a escribir y... Enredaderas que crecen en espiral, en polisemia, que no dejan de abrirse y multiplicarse, así como en un continuo aprender a ver, a entrever, a recibir la mirada del otro e incluso eso que aún no vemos. Y podríamos decir algo similar de la escucha. Se trata de inventar otra zona singular y universal que nos haga salir de rigideces o encasillamientos.

En esta forma múltiple del leer/escribir encontramos los interrogantes de uno por uno que comprende a su vez lo comunitario y que nos posibilita trastocar, desbandar, dislocar lo que se supone inamovible, supuestos saberes que se naturalizan, fijan como centrales.

Entonces vamos encontrando, posibilitando, distintos modos de subjetivación.

Así, el mediador es aquel que lleva su batería de herramientas. Es el portador de voces diversas que expondrá, compartirá para interrogarse con los otros, para ver y escuchar, transformarse con los otros. El mediador como artesano de lo poético y a la vez un multiplicador de su hacer.

Y el leer/escribir se vuelve de participación pública, generosa, en un momento en que lo público a través de lo privado/global invade, incluso, nuestras habitaciones mediante las incansables ofertas de internet. Sin embargo, con ese mismo elemento podemos participar de otro modo en esa esfera pública.

Los mediadores, con su modo peculiar de desplegar libros y, con ellos, un abanico de lecturas y escrituras posibles, generan una forma de participación activa. No se trata, ya y solamente, de que aquel que lee, escribe o escucha reciba un mensaje digerido, sino que es de otra índole la pregunta que se suelta, podríamos decir, con la voz en danza.

Estas experiencias, que vienen sucediéndose hace tiempo en diferentes espacios, que se diseminan y no se pueden capturar, se olvidan cada tanto o se aquietan, se adormecen, aunque se sigan haciendo más lentas y a pesar de las pretensiones de devaluarlas. Sin embargo, se trata de acciones que movilizan y esquivan el proceso social comandado por el valor de la mercancía.

Un hacer que no es en contra de, no es un enfrentarse a... Se trata de otra cosa: de que, a medida que nos desplazamos en la lectura, la degustemos, vayamos interrogándonos, reinterpretando palabras, frases, vayamos rastreando los sonidos, la resonancia que dejan en nosotros y las huellas que nos llevan a nombrar, a escribir-nos.

En una época de precariedad social de tantos, será —además y a través —la lectura/escritura una tejedora de redes/cuerpos que se expandan hacia diferentes posturas emancipatorias.

El libro

Lo lanzo lejos,
llega.

Y tú,
lo abres.

An Lu

Agradecimientos

A Pablo André, Daniel Calmels, Vanesa Camarda, Adolfo Colombres, María Escobar, Federico Liss, Marcela Mincucci, Mario Muñoz, Rita Noguera Ricardi, Ieltxu Ortueta, Antonia Santolaya, Ana María Shua, Susana Szwarc, Ulises Vargas, Héctor Vega, Félix Vicente.

Por sus palabras, sus gestos, alguna señal, lo que han escrito y pronunciado en sus distintos haceres y disciplinas que amplían mi pensar, abren nuevos espacios.

Bibliografía

Adamovsky, Ezequiel; Bombini, Gustavo. *Horacio Quiroga. De los devaneos juveniles a la profesionalización del escritor*. Revista La Mancha nº 8, Buenos Aires, marzo de 1999.

Aliaga, Cristian (a cargo de la edición). *Poesía de mujeres Mapuches, Selkman y Yamanas*. Argentina, Editorial Espacio Hudson, 2017.

Al-Shabbi Abu al-Qasim. Disponible en: http://revistas.uca.es/index.php/aam/article/viewFile/1010/865

Ancalao, Liliana. *Tejido con lana cruda*. Buenos Aires, Editorial El Suri Porfiado, 2010.

Anderson, Imbert. *Enrique. Teoría y técnica del cuento*. Buenos Aires, Marymar, 1979.

Andruetto, María Teresa. *La lectura, otra revolución*. México, Fondo de Cultura Económica, 2015.

Apollinaire, Guillaume. *Caligrama*. España, Cátedra, 2017.

Arlt, Roberto. *El juguete rabioso*. Buenos Aires, Colihue, 1993.

Artaud, Antonin. *El teatro y su doble*. Buenos Aires, Editorial Sudamericana, 1971.

Atxaga, Bernardo; Hidalgo, Alejandra. *Alfabeto sobre la literatura infantil*. España, Media Vaca, 2010.

Aub, Max. *Crímenes ejemplares*. Madrid, Libros del Zorro Rojo, 2015.

Augé, Marc. *El tiempo en ruinas*. España, Gedisa, 2003.

Bachelard, Gastón. *La llama de una vela*. México, Universidad Autónoma Puebla, 1986.

Bajour, Cecilia. *La artesanía del silencio*. Texto de la ponencia presentada por la autora en el Foro «Pido gancho. Textos, voces e imágenes», realizado dentro del marco de las Jornadas de Formación e Intercambio Mediadores a la vista, durante la 18ª Feria del Libro Infantil y Juvenil, Buenos Aires, 26 de julio de 2007.

Bajour, Cecilia. *La orfebrería del silencio. La construcción de lo no dicho en los libros-álbum.* Argentina, Editorial Comunicarte, 2016.

Barthes, Roland. *Crítica y verdad.* Buenos Aires, Siglo XXI, 1972.

Barthes, Roland. *Lo obvio y lo obtuso. Imágenes, gestos, voces.* España, Ediciones Paidós, 2009.

Basch, Adela. *Oiga, chamigo Aguará.* Buenos Aires, Ediciones Colihue, 1985.

Basch, Adela. *El reglamento es el reglamento.* Bogotá, Norma, 2002.

Bayley, Edgar. *Estado de alerta y estado de inocencia.* Buenos Aires, Argonauta, 1989.

Benjamin, Walter. *Juguetes.* España, Casimiro libros, 2005.

Benjamin, Walter. *Libro de los Pasajes.* Madrid, Akal Ediciones, 2005.

Benveniste, Émile. *Problemas de lingüística general* (vol 1 y 2). México, Siglo XXI, 2014.

Berger, John. *Con la esperanza entre los dientes.* Madrid, Alfaguara, 2010

Berger, John. *Mirar.* Barcelona, Gustavo Gili, 2016 (1.ª ed.).

Berger, John. *Otra manera de contar.* Barcelona, Gustavo Gili, 2013 (1.ª ed.).

Blajaquis, Camilo. *La venganza del cordero atado.* Buenos Aires, Ed. Continente, 2010.

Blanchot, Maurice. *La espera, el olvido.* España, Arena Libros, 2004.

Blanco, Lidia. *Los nuevos caminos de la expresión.* Buenos Aires, Colihue, 1989.

Bombini, Gustavo. *Reinventar la enseñanza de la lengua y la literatura.* Buenos Aires, Libros del Zorzal, 2006.

Borges, Jorge Luis. *Borges A-Z.* Madrid, Ediciones Siruela, 1988.

Borges, Jorge Luis. *El Aleph.* España, Seix Barral, 1985.

Borges, Jorge Luis. Sobre los clásicos. En: *Otras inquisiciones.* Madrid, Alianza, 1985.

Bornemann, Elsa Isabel. *Poesía infantil: estudio y antología.* Buenos Aires, Dimar, 1994.

Bradbury, Ray. *Zen en el arte de escribir.* Barcelona, Minotauro, 1995.

Brossa, Joan. *Poemesinèdits*. España, Rata, 2017.

Cabezón Cámara, Gabriela. *Las aventuras de la China Iron*. Barcelona: Random House, 2017

Calderón de la Barca, Pedro. *La vida es sueño*. Buenos Aires, Colihue, 1982.

Calvino, Ítalo. Las ciudades invisibles. Madrid, Ediciones Siruela, 2005 (12.º ed.).

Calvino, Italo. *Seis propuestas para el próximo mileni*. Madrid, Siruela, 1994.

Careri, Francesco. *Walkscapes. El andar como práctica estética*. Barcelona, Editorial Gustavo Gili, 2002.

Castellanos, Rosario. *Poesía no eres tú*. México, Icaro, 2014.

Celan, Paul. *De umbral en umbral*. (1955). Versión de José Luis Reina Palazón. Obras completas. Madrid, Editorial Trotta, 1999.

Celan, Paul. *Obras completas*. Madrid, Editorial Trotta, 2013.

Cerrillo, Pedro. *El lector literario*. México, Fondo de Cultura Económica, 2016.

Cervantes, Miguel de. *Don Quijote de la Mancha*. España, Cátedra, 2004.

Cirianni, Gerardo; Peregrina, Luz María. *Rumbo a la lectura*. Buenos Aires, Ediciones Colihue, 2005.

Colasanti, Marina. Más real que lo real. En: *Fragatas para tierras lejanas. Conferencias sobre literatura*. Traducción de Elkin Obregón. Bogotá, Grupo Editorial Norma, 2004.

Colombres, Adolfo. *Celebración del lenguaje. Hacia una teoría intercultural de la literatura*. Buenos Aires, Ediciones del Sol, 1997.

Colombres, Adolfo. *Teoría transcultural del arte. Hacia un pensamiento visual independiente*. Buenos Aires, Ediciones del Sol, 2004.

Colomer, Teresa. *Andar entre libros*. México, Fondo de Cultura Económica, 2005.

Cortázar, Julio. *Cuentos completos I y II*. España, Penguin, Debolsillo, 2016.

Char, René. *Poesía esencial*. Barcelona, Galaxia Gutemberg, 2005.

Delgado, Susy. *Amandayvi. Antología poética castellano-guaraní 1986-2012*. Perú, Arandurá Editorial, 2013.

Derrida, Jacques. *Cada vez única, el fin del mundo.* Valencia Pre-Textos, 2005.

Derrida, Jacques. *Posiciones, Entrevistas con Henri Ronse, Julia Kristeva, Jean-Louis Houdebine y GuyScarpetta.* Valencia, Pre-Textos, 2014.

Deuleze, Gilles. *La literatura y la vida.* Argentina, Alción, 2006.

Deuleze, Gilles. *Rizoma.* Valencia, Pre-Textos, 1977.

Devetach, Laura. *La construcción del camino lector.* Córdoba, Editorial Comunicarte, 2008.

Devetach, Laura. *Una caja llena de... Ilustraciones de Juan Manuel Lima.* Buenos Aires, Editorial Kapelusz. Col·lecció La Manzana Roja. (Editat simultàniament per Editorial Cincel, Madrid.) Reedició: Buenos Aires, Ediciones Colihue, 1995.

Di Giorgio, Marosa. *Camino de las pedrerías.* Planeta, 1997.

Di Giorgio, Marosa. *Los papeles salvajes.* Adriana Hidalgo, 1999.

Ducrot, Oswald; Todorov, Tzvetan. *Diccionario enciclopédico de las ciencias del lenguaje.* (23ª ed.), México, Editorial Siglo XXI, 2005.

Duras, Marguerite. *Emily.* Barcelona, Tusquets-Planeta Libros, 1995.

Duras, Marguerite. *Escribir.* Barcelona, Tusquets-Planeta Libros, 2000.

Duras, Marguerite. *Outside.* España, Penguin-Plaza & Janes, 1993.

Eco, Umberto. *Apocalípticos e integrados ante la cultura de masas.* Barcelona, Editorial Lumen, 1968.

Eco, Umberto. *Obra abierta.* España, Planeta, 1992.

Ende, Michael. *JimBoton y Lucas el maquinista.* España, Alfaguara, 2015.

Eliot, T.S. *La tierra baldía.* Madrid, Cátedra, 2006.

Espósito, Roberto. *Personas, cosas, cuerpos.* Valencia, Ed. Trotta, 2017.

Fernández, Macedonio. *Museo de la novela de la eterna.* Buenos Aires, Corregidor, 1975.

Fernández, Macedonio. *Poesías completas.* Madrid, Visor Libros,1991.

Ferrada, María José. *Niños*. Amb il·lustracions de Jorge Quien. Santiago de Chile, Grafito, 2013.

Foucault, Michel. *Un diálogo sobre el poder y otras conversaciones*. Madrid, Alianza, 2012.

Foucault, Michel. *Las palabras y las cosas*. Madrid, Siglo XXI, 2010.

Freire, Paulo. *Pedagogía de la indignación*. Madrid, Ediciones Morata, 2006.

Freire, Paulo. *Pedagogía del oprimido*. México, Siglo XXI, 2011.

Frugoni, Sergio. *Imaginación y escritura: La enseñanza de la escritura en la escuela*. Buenos Aires, Libros del Zorzal, 2006.

Gambaro, Griselda. *Decir sí. La malasangre*. España, Cátedra, 2012.

Gamoneda, Antonio. *Antología poética*. Madrid, Alianza Editorial, 2006.

García, Germán. *Macedonio Fernández, la escritura en objeto*. Buenos Aires, Adriana Hidalgo Editora, 2000.

García Márquez, Gabriel. *Cien años de soledad*. España, Cátedra, 2004.

Gelman, Juan. *Poesía reunida*. Barcela, Editorial Seix Barral, 2011.

Giardinelli, Mempo. *Así se escribe un cuento*. Buenos Aires, Beas, 1992.

Girondo, Oliverio. *Noche totém. Antología poética*. Buenos Aires, Colihue, 2000.

Goldin, Daniel. *Los días y los libros. Divagaciones sobre la hospitalidad de la lectura*. Barcelona, Paidós, 2006.

Gombrowicz, Witold. *Curso de filosofía en seis horas y cuarto*. Tusquets-Planeta Libros, 2009.

Gómez de la Serna, Ramón. *Gueguerías*. Buenos Aires, Colihue, 1992.

Grimm, Jacob Ludwig; Wilhelm Karl. *Cuentos*. Madrid, Editorial Alianza, 2004.

Heller, Ágnes. *Sociología de la vida cotidiana*. Barcelona, Península, 2002.

Hernández, Felisberto. *Cuentos reunidos*. Argentina, Eterna Cadencia, 2009.

Hernández, José. *Martín Fierro*. Madrid, Cátedra, 2005.

Hirschman, Sarah. *Gente y cuentos. ¿A quién pertenece la literatura?* México, Fondo de Cultura Económica, 2011.

Huberman-Didi, Georges. *Lo que vemos, lo que nos mira.* Bordes, Manantial, 2006.

Huidrobo, Vicente. *Poesía última.* Valencina de la Concepció, Editorial Renacimiento, 2015.

Jabès, Edmond. *El libro de las preguntas.* Madrid, Siruela, 2006.

Jakobson, Roman. El marco del lenguaje. Mèxic, Fondo de Cultura Económica, 1988.

Jakobson, Roman. *Ensayos de lingüística general.* Barcelona, Seix Barral-Planeta Libros, 1981.

Jitrik, Noé. *El tema de la lectura: leer mucho y leer bien.* A: Lectura y Cultura. Mèxic, Universidad Nacional Autónoma de México, 1987.

Jitrik, Noé. *Vertiginosas textualidades.* Mèxic, UNAM, 1999.

Kafka, Franz. *Cartas a Milena.* Madrid, Alianza Editorial, 2016.

Kafka, Franz. *La transformación y otros relatos.* Madrid, Cátedra, 2011.

Kluge, Alexander. *El concepto de un jardín. Discursos sobre las artes, la esfera pública y la tarea del autor.* Buenos Aires, Caja Negra, 2014.

Kózer, José. *Tokonoma.* Madrid, Armargord, 2013.

Kózer, José. *Una huella destartalada.* México, Bonilla Artigas, 2014.

Kristeva, Julia. *Historias de amor.* México, Siglo XXI, 2013.

Lamborghini, Osvaldo. *Poemas, 1969-1985.* Madrid, RandomHouse, 2015.

La Rosa, Jorge. *La experiencia de la lectura: estudios sobre literatura y formación.* Barcelona, Alerts, 1998.

Lessing, Doris. *Cuentos europeos.* España, Debolsillo-Penguin, 2013.

Lévi-Strauss, Claude. *La antropología frente a los problemas del mundo moderno.* Traducción de Blanco Etchegaray, Agustina. Buenos Aires, Libros del Zorzal, 2011.

Lezama Lima, José. *Poesía completa.* México, Editorial Sexto piso, 2016.

Lispector, Clarice. Clarice entrevistada. A: *Donde se enseñará a ser feliz y otros escritos.* Traducció d'Elena Losada. Madrid, Siruela, 2009.

Lispector, Clarice. *La ciudad sitiada.* Madrid, Siruela, 2016.

Lorca, Federico. *Mariposa del aire.* Buenos Aires, Colihue, 2014.

Lozano Bartolozzi, María del Mar. *Wolf Vostell.* Donostia, Nerea, 2000.

Lu, An. *Harina en vuelo.* Buenos Aires, Ediciones Las Parientas, 2013.

Lu, JiWen fu. *Prosopoema del arte de la escritura.* Madrid, Cátedra, 2010

Mallarmé, Stéphane. *Obra poética.* Buenos Aires, Colihue, 2013.

Manguel, Alberto. *Una historia de la lectura.* Madrid, Alianza, 1998.

Manzano, Inés. *Si es puñal que me mate.* Rosario, Papeles de Boulevard, 2011.

Marechal, Leopoldo. *Adán Buenosayres.* Barcelona, Castalia, 1994.

Martí, José. *Crónicas.* Madrid, Alianza Editorial, 1993.

Meschonnic, Henri. *Puesto que soy esa Zarza.* Buenos Aires, Leviatan, 2008.

Montes, Graciela. *La frontera indómita: en torno a la construcción y defensa del espacio poético.* Barcelona, Fondo de Cultura Económico, 1999.

Montes, Graciela, (s. f.). La gran ocasión, la escuela como sociedad de lectura. Disponible a: http://planlectura.educ. ar/pdf/ La_gran_ocasion.pdf

Moyano, Daniel. *Tres golpes de timbal.* Buenos Aires, Sudamericana, 1990.

Negroni, María. *El testigo lúcido.* Buenos Aires, Editorial Entropía, 2017.

Ono, Yoko. *Pomelo.* España, Ediciones de la Universidad de Castilla-La Mancha, 2017.

Orozco, O. *Poesía completa.* Argentina, Adriana Hidalgo editora, 2012.

Ortega, Julio. *Diario imaginario.* Antigua, Celeste, 1988.

Pamuk, Orhan. La vida nueva. España, Debolsillo-Penguin, 2009.

Pasolini, Pier Paolo. *Vulgar lengua.* Barcelona, Ediciones el Salmón, 2017.

Patte, Geneviève. *¿Qué los hace leer así?* México, Fondo de Cultura Económica, 2011.

Pennac, Daniel. *Como una novela.* Bogotá, Editorial Norma, 1993.

Peri Rossi, Cristina. *Cuentos reunidos.* España, Lumen-Penguin, 2007.

Perlóngher, Néstor. *Rivales dorados.* Madrid, Varasek Ediciones, 2015.

Peroni, Michel. *Historias de lectura. Trayectorias de vida y de lectura.* México, Fondo de Cultura Económica, 2003.

Pescetti, Luis María. *La fábrica de chistes. Talleres de humor para chicos, maestros y padres Ilustraciones de Ana Luisa Stok.* Buenos Aires, Ediciones de la Flor, 1994.

Pessoa, Fernando. *Diarios completos.* Madrid, Hermida Editores, 2017.

Pessoa, Fernando. *Libro del desasosiego.* Barcelona, Acantilado, 2013.

Petit, Michèle. *Nuevos acercamientos a los jóvenes y la lectura.* México, Fondo de Cultura Económica, 1999.

Piglia, Ricardo. *Crítica y ficción.* Buenos Aires, Ediciones Fausto, 1993.

Piglia, Ricardo. *Tesis sobre el cuento, en crítica y ficción.* Buenos Aires, Seix Barral, 2000.

Pizarnik, Alejandra. Poesía completa. España, Lumen-Penguin, 2016.

Plath, Sylvia. *Ariel.* Madrid, Hiperión, 1999.

Poe, Edgar Allan. *Cuentos completos.* Dos tomos. Buenos Aires, Colihue, 2010.

Prado, Adelia. *El corazón disparado.* Buenos Aires, Leviatán, 1994.

Propp, Vladimir. *Morfología del cuento.* México, Colofón, 1997.

Quiroga, Horacio. *El loro pelado y otros cuentos de la selva.* Buenos Aires, Ediciones Colihue, 1989.

Rancière, Jacques. *El maestro ignorante: cinco lecciones sobre la emancipación intelectual.* Barcelona, Editorial Laertes, 2003.

Reyes, Yolanda. *La casa imaginaria: lectura y literatura en la primera infancia.* Bogotá, Norma, 2008.

Rilke, Rainer María. *Antología poética.* España, Austral-Planeta, 2016.

Rilke, Rainer María. *Cartas a un joven poeta.* Buenos Aires, Ediciones Siglo Veinte, 1974.

Rodari, Gianni. *Cuentos escritos a máquina*. Madrid, Alfaguara, 2016.

Rodari, Gianni. *Gramática de la fantasía: introducción al arte de inventar historias*. Barcelona, Ediciones del Bronce, 2006.

Rojas, Gonzalo. *Antología personal*. Madrid, Visor, 2004.

Rosa, Nicolás. *La lengua del ausente*. Argentina, Biblos, 1997.

Saer, Juan José. *Cuentos completos*. Argentina, Seix Barral, 2002.

Saer, Juan José. *El arte de narrar*. Argentina, Seix Barral, 2000.

Saint-Exupéry, de Antoine. *El principito*. España, Salamandra, 2008.

Sartre, Jean-Paul. *Lo imaginario: psicología fenomenológica de la imaginación*. Buenos Aires, Losada, 1964.

Saussure, Ferdinand. *Escritos sobre lingüística general*. Barcelona, Gedisa, 2010.

Savino, Hugo. *Furgón de cola*. Madrid, Arena Libros, 2017.

Schmidt, Alejandro. *Esquina del Universo*. Argentina, Ed. Alción, 2001.

Sebald, Winfried Georg. *Del natural*. Barcelona, Anagrama, 2004.

Sendak, Maurice. *Donde viven los monstruos*. Il·lustracions de l'autor Traducció d'Agustín Gervás. Madrid, Editorial Alfaguara, 1977.

Serna, A. *Antología poética*. España, Asociación Arteragin, 1997.

Shakespeare, William. *El rey Lear*. Madrid, Cátedra-Grupo Anaya, 2005.

Shua, Ana María. *Fenómenos de circo*. Madrid, Páginas de Espuma, 2011.

Skliar, Carlos. *Lo dicho, lo escrito, lo ignorado. Ensayos mínimos entre educación, filosofía y literatura*. Buenos Aires, Miño y Dávila Editores, 2011.

Sola, María del Rosario. *El humo de la música*. Argentina, Autoedició, 2020.

Solves, Hebe. *Taller literario, una alternativa de aprendizaje creador*. Argentina, Plus Ultra, 1987.

Soriano, Marc. *La literatura para niños y jóvenes*. Buenos Aires, Colihue, 1995.

Stevens, Wallace. *Adagia*. Caracas, Dirección General de Cultura G.D.F., 1977.

Szpunberg, Alberto. *Como sólo la muerte es pasajera.* Buenos Aires, Entropía, 2013.

Szwarc, Susana. *Bailen las estepas.* Cáceres, Ed. Liliputienses, 2016.

Szwarc, Laura. *Palabras cantadas.* Argentina, Ed LasPparientas, 2015.

Szymborska, Wislawa. Antología poética. Madrid, Visor, 2015.

Todorov, Tzvetan. *Elogio de lo cotidiano.* Barcelona, Galaxia Gutemberg, 2013.

Uribe Peréz, Sandra. *Círculo de silencio.* Bogotá, Universidad Industrial de Santander, 2012

Vallejo, César. Obra poética César Vallejo. Madrid, Visor, 2008.

Vallejo, César. Poemas Humanos. Madrid, Luces Galibo, 2013.

Villafañe, Javier. *Circulen, caballeros, circulen.* Buenos Aires, Editorial Hachette, 1967. Reedición: Buenos Aires, Ediciones Del Cronopio Azul, 1995.

Villafañe, Javier. *Los sueños del sapo. (Cuentos y leyendas) Ilustrado por niños.* Buenos Aires, Editorial Hachette, 1963.

Vinderman, Paulina. Entrevista en *Hacer el verso.* Argentina, Sudamericana, 1999.

Vostell, Wolf. *Alfabeto de las revoluciones en la plástica.* España, Junta de Extremadura, 2007.

Walsh, María Elena. *Cuentos para mirar.* España, Alfaguara-Penguin, 2003.

Watanabe, José. Poesía completa. Valencia, Pre-Textos, 2008.

Willliams, Saul. Disponible en: https://www.youtube.com/watch? v=sSryZLVFC6U, https://es.wikipedia.org/wiki/ Slam_ (poes%C3%ADa)

Yourcenar, Marguerite. Cuentos completos. Madrid, Alfaguara, 2010.

Zaid, Gabriel. *La poesía en la práctica.* México, Fondo de Cultura Económico, 1985.

Zamora, Leckott. *Ecos de resistencia.* Argentina, Ministerio de Educación, Cultura y Tecnología. Gobierno del pueblo de la provincia del Chaco, 2009.